Un Galgo ne vaut pas une Cartouche

ISBN : 978-2-9562349-8-2

www.morattel.ch

Jean-François Fournier

Un Galgo ne vaut pas une Cartouche

Roman

Olivier Morattel Editeur (France)

BIBLIOGRAPHIE SÉLECTIVE

Par-dessus le Vide, poésie, Éd. La Matze, Sion, 1987

Alcools de Vienne, roman, L'Âge d'Homme, Lausanne, 1989

Egon Schiele ou la Décadence de Vienne, 1890-1918, biographie, Éd. Jean-Claude Lattès, Paris, 1992

Don Maifisto, théâtre, Éd. Vinci, Paris, 1993

Librairie, Corps et Âmes (collectif en faveur des libraires indépendants), Éd. Vinci, Paris, 1993

Jacques, Fils du Tonnerre, roman, L'Âge d'Homme, Lausanne, 1994

Triptyque, roman, Éd. L'Hexagone, Montréal, 1998

Acqua alta, roman, L'Âge d'Homme, Lausanne, 2000

La nuit qui tua Juan Don, roman, L'Âge d'Homme, Lausanne, 2002

Le Chien, roman, éditions Xénia, Vevey, 2017

Le Village aux trente Cercueils, roman, Éd. Xénia, 2018.

Les démons du Pierrier, roman gore, Éd. Gore des Alpes, Ardon, 2020

Avis de Pas Sage, collectif des finalistes du Prix de la Nouvelle Érotique (PNE), Éd. Au Diable Vauvert, Paris, 2022

Le Valais gourmand, avec le photographe Pierre-Michel Delessert, guide oenogastronomique, Éd. Attinger&Château, 2023

À Eliot, Zelda et Hadrien.

Les taureaux du Raval

La braise du *puro* dessine un cratère large dans la toile écrue du pantalon et sur la cuisse velue. Brûlure atroce. Il vide cul-sec la bouteille de Zarro, la noire, un vermouth de Grifo madrilène incongru ici puisque dans le Raval on lui préfère l'Yzaguirre pour son côté santal et agrumes. Ce vieux quartier borgne où peine le soleil ne jure que par le Barça et la Catalogne indépendante. Mais comme on est ici dans l'antichambre du Barrio Chino, à quelques rues du bordel insalubre des légendes, on tolère toutes les drogues et tous les alcools. Le garçon à redingote sale pousse un sac de glaçons sur le zinc, paquet que l'homme plaque avec frénésie sur son bénard fripé. Il a l'impression que le feu arrache ses chairs jusqu'à l'os. Il voudrait sortir de cette scène qui lui rappelle le cinéma de Jorda — qui filme si bien ce quartier —, celui de Portabella qui a raté — avec Saura — son film sur la corrida, ou même celui d'Aranda pour la sexualité et la cruauté qui suintent de ces murs.

Le brouillard des nuits capricieuses lui tombe dessus dans la ruelle déserte où se dessine un étrange galgo blanc. Il sent le tremblement qui s'empare de sa jambe, baisse sa nuque, râcle ses chaussures de corde. Le taureau doit sentir ça, à peu de chose près, lorsque s'enfonce la *puntilla*. Mais la chienne, elle, n'a pas peur. Elle ne boit pas quatre flacons de vermouth et quatre bouteilles de Recaredo chaque jour que Dieu fait.

Olé, añojo! fait l'homme en s'agenouillant devant la petite femelle comme si elle sortait du toril. Et il la titille, bras tendu, avec son chapeau squelettique qui n'est ni un panama ni un cordobes.

Le galgo retrousse une babine.

— Tu aimes te battre, toi?

Il se redresse, fait deux pas de retrait et cherche la lune. Mais ce qui brille dans le caniveau, ce sont les clés de la pension Don. Il a déjà dû payer quatre fois un double à cause de ce putain de trou au fond de la poche droite. Juan va encore grogner parce qu'il ne manquera pas de le réveiller en tombant dans l'escalier de bois sombre. Pas grave. Si l'on excepte le patron, il ne réveillera que des putains, des vraies et des fausses, quelques commis d'artisans sans le sou, le peintre autrichien qui se prend pour Goya et le chat à patte folle.

— Olé, galgo ! Tu t'es bien battue, tu peux rentrer chez toi !

Mais la belle dame aux jambes galbées choisit de trottiner à sa droite. La tête haute, l'œil aux aguets, l'oreille maline. Devant la pension, elle s'assied, docte et décidée. Le quartier ne respire plus. L'homme ouvre la lourde porte avec un code qui répond par intermittence.

— Allez, entre ! *Venga, venga !* On quitte la piste ! On passe la barrière pour soigner nos blessures. Pas question de finir comme Paquirri, demi-dieu de la tauromachie.

Le lévrier ne se fait pas prier. Il saute les quatre marches d'un bond. « Une putain de *suerte* », se dit l'homme. Juan Don est encore derrière le comptoir : c'est l'heure d'« El Larguero » sur Cadena SER. Les experts soupèsent la valeur réelle d'Al Ahli, héros d'Égypte qui ont gagné le droit d'affronter le Real en demi-finale du Championnat du monde des clubs.

— Y avait match, *jefe* ?

— Non, rien de sérieux... Mais le marché des transferts va commencer.

— Je ne crois plus au foot depuis que Cruyff est mort...

— Si tu as une bête maintenant, je te facture un supplément.

— Tu dois être riche, alors, *compañero,* avec les morpions des dames du deuxième !

— Va te faire foutre, l'écrivain ! Tu me dois ton mois. Même « Goya » a payé aujourd'hui...

Il jette une poignée de billets froissés dans le cendrier sur pied.

— La blanche, avec tes drôles de pinceaux d'oreilles où le fauve a mangé le rouge, je vais t'appeler Canela !

Le galgo grimpe l'escalier en premier, comme s'il savait déjà où aller.

Le mobilier de la chambre est aussi mortuaire que l'intérieur bourgeois d'un film de Buñuel. Une table ronde et trois chaises. Un Chesterfield défoncé où l'animal a disparu. Un lit catafalque. Aux murs, un *Christ portant sa croix* comme un esclave condamné, une reproduction du Greco, et en face du supplicié, une affiche mexicaine de Vicente Barrera. Plus qu'un matador, un artiste de la gestuelle, un danseur, un dieu du *toreo.*

Assis, le regard vague, l'homme trempé de sueur assassine méthodiquement sa bouteille de Carlos Primero. Puis lentement, lentement, façon Stanislavski ou Strasberg, il se dirige vers l'armoire et ouvre les deux battants. Le chien redresse sa tête et regarde. Il y a le second costume en lin du maître des lieux, une malle turquoise avec des renforts en cuir clair, un makila à tête argentée, une housse menthe, et c'est tout. L'homme ouvre le coffre avec cérémonie. Il dépose sur la table une *camisa* à jabot, une cravate de soie grenadine, un *chaleco* et une *chaquetilla* brodée de noir, et à deux mains, à l'instar d'un calice, une *montera* trop grande pour sa calvitie naissante. Le galgo fait le tour de la scène, approuve et regagne son canapé.

Celui que Juan Don appelle *el presidente,* ou parfois l'écrivain, ajuste un cache-œil de pirate côté droit. Ainsi, comme le cheval dans l'arène, il ne verra que la foule bigarrée et jamais le taureau qui charge. Il est en caleçon et jabot. Pieds nus. La cravate fière. Le gilet et la veste un peu trop larges pour sa carcasse. Il ramasse le long du mur un manche à balai taillé à l'épée. Puis branche l'écran bombé sur Internacional pour le différé des arènes. « Ça y est ! » Il est l'alpha et l'oméga. L'*aficionado,* le policier de l'arène, le sableur, l'*apoderado,* l'*apodo* dont le public susurre le nom à l'unisson. Il est prêt. Il a bu tout le brandy, coupé trois tranches de *Serrano* pour le chien et autant pour lui. Il sait que la bronca, là dans le poste, s'estompera après l'échec de ce *becerrista* à l'évidence trop tendre et l'ennui d'une *cuadrilla* indigne du matador qui le précède au programme. Alors, il est prêt dans son habit goyesque sans paillettes. Le peuple va tout oublier. L'ennui, les impôts, le bureau, les baises minables, Dieu qui a déserté le Nou Camp, ses bouquins à lui, les gribouillis de l'Autrichien comme les beuveries et les combats sur toiles de son alter ego Francisco de Goya y Lucientes. Il monte le son. Le galgo siffle et pointe sa truffe sur le duo de commentateurs qui déborde du téléviseur.

El presidente zigzague et souffle dans sa souillarde. Fini les entraînements pour beurre, *adios* la *capea,* ça fleure bon la mise à mort ce soir ! Canela a les oreilles tendues vers l'avant. Le matador du premier-au-fond-à-droite tend lui aussi le bras, paume vers le bas, comme dans le salut romain du *Serment des Horaces* de David.

— Où il est ce *cabrón* de taureau ? Ah ! te voilà ! La queue dressée, la tête baissée. Nom de Dieu, la bête : tu as une sacrée paire de *cojones* ! Tu as déjà éventré un cheval qui traîne sa misère et ses viscères sur mon tour de piste, avec une putain de dignité, jusqu'à ce qu'il se vide complètement et accueille la mort à court de sang !

Il agite sa chemise de bistrot et brandit comme une torche un morceau de banderille cassée.

— Regarde-moi ce soleil — et de désigner l'ampoule au plafond — c'est un soleil pour mourir. Tu ne me verras pas bondir ou piquer. Et je vais te les couper parce que, quand on est de vrais caïds, elles ne servent à rien.

Il est transe et danse, transpire, inspire, expire, chavire, s'étire, s'admire dans le halo du luminaire parapluie. Le galgo s'assied bien droit pour ne pas perdre une miette du spectacle. Le tableau se fige un court instant. Sous l'affiche, le taureau souffle et gronde. Il n'est pas agressif : il se défend. Il a la beauté et la liberté qu'Ovide lui destine dans ses *Amours*. Les images volent, sans joug, sans anneau, parfaitement découpées dans ce cagibi de lumière.

— Vas-tu me suivre au bal, l'animal ? rugit l'écrivain en balayant l'espace de sa *muleta camisa*. Tu es sang et chair. Je ne t'ai pas élevé pour que tu joues les pierres et que tu te poses sur mon sable ! Allez, allez ! Valet d'épée, la *verdugo* s'il vous plaît ! Elle est venue, l'heure du *descabello !* L'homme danse avec l'épée du coup de grâce. Il esquisse une chorégraphie à la Pina Bausch. En silence et en soufflant comme son adversaire à l'agonie. Puis il sombre dans sa pantomime. Outré. Affecté. Il crie. Encore et encore. *Olé !*

Au bas de l'escalier, Juan Don s'escrime avec Castille, la *puta* du 215, celle qui accueille ses clients en déshabillé noir et mantille. Encore une histoire de loyer impayé. Mais avec le *padrino,* ça reste toujours des mots. La pension, ce n'est pas un champ de bataille. Juste un foyer pas cher pour *perditos.*

— Juan, je sors... Plus rien à boire. Si je ne suis pas là dans une heure, jette un coup d'œil au chien ! Et m'emmerde pas avec le prix et l'odeur des choses : j'ai dû payer la moitié de ta future retraite avec tous ces billets que tu ne mérites pas...

— Tu me ramènes un Veterano ? coupe Castille.

— Comment tu peux boire ce truc qui sent le fût de sherry pourri ?

— Mais c'est le brandy des pauvres, Monsieur l'écrivain ! Le seul qui se laisse boire, désinfecte et enlève le goût de bite dans l'arrière-gorge.

Dehors, la pluie implacable pénètre et délave la moindre merde, le plus insignifiant mégot. Une nuit idéale pour ensemencer Danaé, les rues oubliées de la *ciudad* et pourquoi pas la terre entière. Après tout, *el presidente* avait eu deux oreilles ce soir et tout était possible. Il gambille, il chaloupe d'un trottoir à l'autre.

Il se colle aux murs de sa Rambla del Raval avant de la défier sur le haut du pavé. Un *derechazo.* Un *redondo.*

— Je suis le maître des passes, de toutes les passes de toutes les *muletas.*

— Bonsoir Ernst, lâche Dom Francisco, le prêtre ouvrier du Raval, occupé à ressusciter son parapluie noir gaufré aux baleines gargouilles devant le *Chat* de Botero.

Il sourit Ludwig que tout le monde appelle Ernst à cause d'un faux passeport légendaire brandi dans tous les cafés. Il soulève son *castoreño.* Le torero a décidé de s'offrir un paseo surréaliste jusqu'à la Plaça André Pieyre de Mandiargues. De défiler à voix haute d'un porche au réverbère qui suit, et d'une enseigne cassée à une échoppe improbable. Au terme de sa promenade sous les vivats, il gobe quelques tapas à l'ail au Tropico. Mandiargues ne pouvait jamais se passer de croûtons au vieux pain aillé et huilé. C'était un des rares trucs capables de chauffer un estomac en manque d'alcool. Une vraie médecine pour écrivains.

Avant d'arriver au Palau Güell et à l'Hôtel Gaudi, il avait bien gracié quatre ou cinq taureaux Osborne et entamé avec sérieux la bouteille destinée à Castille. Mieux, il avait toréé de ses grands bras de Pierrot lunaire un couple d'Américaines LGBTQ + perdues comme des touristes dans le lâcher de taurides vénitien cher à Canaletto. D'ailleurs, il était d'humeur picturale et se sentait aussi remarquable que *Le Matador* de

Bernard Buffet. Peut-être même beau, s'il poussait son raisonnement à l'extrême.

Il marque une pause tous les trois ou quatre mètres, à l'instar des clochards qui arpentent la Rambla entre le Liceu et la Boqueria. Dans ce Mercat de Sant Josep, il a trouvé un bon fournisseur de jambons, de drogues et de médicaments. Clopinard, il s'affiche, et son pantalon taché à force de tomber n'y est pour rien. L'impression vient de bien plus loin. Il a tellement reçu dans la vie, les honneurs, plus d'argent qu'il n'en faut, les femmes, forcément fatales, et des livres inimitables, qu'il ne peut que se faner, et ce, depuis des années, au point que cela éclaire ses yeux de fièvre et sa peau usée.

Terrasser tous ces taureaux, même avec son seul chapeau, donne grand soif et appelle une dégustation méticuleuse des alcools fréquentables. Il y avait sûrement du bon jazz catalan au Jamboree, là où Bill Coleman et Chet Baker ont écrit l'histoire de la trompette. Ensuite, un Bellini s'imposerait à Los Caracoles, debout dans la queue des touristes qui attendent patiemment pour déguster les meilleurs escargots de la planète. Puis il y aurait le Manhattan d'El Paraigua, l'Opera et sa carte de 1 300 vodkas et whiskies, avant de finir au Boadas, dont le fondateur apprit jadis l'art du cocktail d'Hemingway lui-même au Floridita. Une demi-douzaine de Habanas lui garantirait une nuit spectaculaire, un *arrastre,* ce mythique train de mules qui trimballe la dépouille du taureau hors de l'arène. Sauf qu'ici les belles de nuit en chasse remplacent les bêtes de somme. Ce soir, accoudé à la lampe du bar et au cendrier, il ne voit que cette blonde vénitienne dans la soixantaine, personnage échappé de Jelinek, irradiante avec sa frange d'une demi-douzaine d'accroche-cœurs, sa paire de fossettes doubles, son cou d'Aphrodite et d'albâtre, ses épaules et son décolleté entre rousseur et fragilité, sa robe de dentelle marine ajourée, ses boucles d'oreille rhombiques qui font danser son visage comme une flambée de ronces sauvages. *El presidente* s'approche d'elle sans trembler. C'est le *brindis,* la dédicace d'une mise à mort. Il la veut pour public. Il l'espère au bout de ses *chicuelina,* ses fameuses passes de cape, ses véroniques qu'il exécute jusqu'au lever du jour. Et lorsqu'elle lui dit oui, sans l'ombre d'une hésitation, il s'arrête, noble toréador statufié, en pleine sonnerie de clairons.

— J'embrasse pas...

— Moi non plus.

Et la robe est tombée sur les talons aiguilles avec boucles colliers de chien. Le galgo s'est discrètement éclipsé dans la salle de bain placard. Pieds nus et chemise ouverte, le matamore contemple Layana — tel était son prénom — sur son lit, souriante, appuyée sur un coude, fraîche comme une prise de *novillada.* Son ventre ne fait aucun pli, sa frange raconte déjà la bataille, le tempérament, le feu des muscles et des entrailles. C'est une nuit d'attente, de griffures et d'oubli. De celles qui chavirent les couples. Et l'été lui monte au corps comme l'écume de la mer.

Dans la faible clarté de son corps, il y a des

épaules et des mains avides, et entre ses hanches et ses seins, tout un voyage littéraire, tauromachique et définitif. De bras en bras, de cuisses en cuisses, de verge en verge, elle a grandi. Elle a frôlé tous les langages, risqué tous les galops. Et là, ils se rencontrent autour du fruit des bouteilles. Vont-ils gagner la paix, le temps d'une seconde et d'un jeu ? Ou simplement éclater, exploser en particules inutiles ?

L'écrivain aime le matin des tavernes. Et la bière glacée qui remplace le café. Le chien rêve en dormant. Elle vient de partir. Des *tendidos* au *palcos*, il a su méduser la foule. Il a toréé la femme jusqu'au lait de ses flancs et respecté le sens de l'honneur et la rigueur morale du matador. Mais les fantômes d'autres corps sont là qui le poursuivent de leurs désirs insistants, alors que lui, il meurt chaque jour où il ne porte pas l'habit de lumière. Il s'écorche aux fleurs, soigne au hasard blessures et cicatrices. Il est toute la vie et toute la mort. Les écarts et les feintes, les piqués et les crucifixions. Il est le *puntillero* à l'heure de l'estocade.

Cette rencontre, et tous les combats de ce mois de juin, ont régénéré *el presidente.* Il se sent jeune, à l'instar d'un couronné qui reçoit les *trastos* à son *alternative* madrilène, la seule qui compte. Il décide que le temps est venu d'écrire enfin son grand roman taurin. Et surtout de se montrer adroit en contrant le *genio,* l'instinct défensif unique du taureau. Il sera désormais *duende,* l'esprit follet qui consacre la mise à mort.

Se reposer. Un mois encore et ce sera la corrida de la San Fermin, l'égorgé d'Amiens, saint patron de la Navarre. On l'y attend : il le sait. Ses amis à Berlin peuvent se moquer de ses pèlerinages. La dévotion à Hemingway dans Pampelune la belliqueuse. Le culte d'Orwell et de García Márquez entre Diagonal et Rambla. Ludwig que tout le monde appelle Ernst sait ce qu'il doit à ces errances annuelles. Elles le nourrissent autant que les boulettes de viande, le foie de veau ou les feuilles de chou farcies sauce carvi bacon de son cher Zur Letzten, le plus vieux resto du monde, où les clients s'appelaient Napoléon et Beethoven, et où il a écrit son dernier roman, un chef-d'œuvre, il en est sûr, qui se termine par l'assassinat du pape dans ses appartements privés du Sacré Palais. Jusqu'ici, il fait chou blanc, mais une célèbre maison munichoise se dit intéressée, alors il patiente et s'accorde des litres et des litres de distillats espagnols ou de Sangre de Toro. Parce que la littérature échappe au temps, aux castes et même aux auteurs. Qu'elle est, comme la corrida, chant du peuple. Qu'elle se fiche des mœurs ou de Dieu. N'est-elle pas la seule vraie foi, l'unique théâtre, la maîtresse des souffrances ? Elle rend l'homme fréquentable. *El presidente* écrit des romans parce que personne ne le lui demande. Qu'il a l'impression d'accoucher ainsi le monde entier, de faire l'histoire, de proposer un miroir aux borgnes et aux aveugles, de combattre des femmes aux cornes magiques et de conquérir le cœur des *aficionados* en quelques *tercios* et autant de *vueltas*. Le roman, ses romans, sont plus destructeurs que tous les alcools d'Espagne. Et c'est pour ça qu'il aime la littérature. Tout est permis : tuer des taureaux comme se sanctifier soi-même. Au-delà de la culture du drame et des arènes, quand il s'adapte parfaitement au rythme des monstres et de leurs charges, l'homme est libre. De sa gestuelle. De ses sentiments les plus intimes. De ses actes. Et, plus que tout autre, de ses pensées.

Il grommelle n'importe quoi et cherche son caleçon troué sous la table. Trois coups, encore une fois. C'est Juan.

— Un télégramme, *amigo.*

— Oh ! merde ! Munich...

— Je ne peux pas surveiller ton chien aujourd'hui. J'ai rendez-vous à côté pour ma prostate.

— À l'Hôpital du Salut ? Moi je vais aller Plaça Vásquez Montalbán, écrire sur la terrasse du Barceló. Canela est la bienvenue là-haut, même dans le coin lecture du bar.

— La bibliothèque, la tapisserie et la banquette framboise ? J'envoie tous les Américains là-bas. Ça m'a valu bien des pourboires.

Il retarde l'ouverture du câble télégraphique et commande deux bouteilles dans un seau à glace, un oursin, des croquettes carotte et cheddar, des ailes de poulet confites et désossées avec sauce à l'ail et *mojo picón* — une tuerie des Canaries avec poivrons rouges, piments oiseaux, cumin, sel bleu et vinaigre blanc. L'air est pur et silencieux sur la terrasse-mirador à 360 degrés. Comme l'instant qui précède le déboulé des taureaux dans les rues de Pampelune. Lentement, avec la pointe du couteau à poisson, il fait sauter l'adhésif du télégramme :

— « Mon cher, je serai franc : ton manuscrit a eu trois voix sur sept au conseil éditorial. Tu mérites mieux. J'ai confiance en toi. Franz Harms, Willendorf Verlag, München. »

La première gorgée de l'Unico de Vega Sicilia le gifle, salvatrice. Elle lui offre ses dix ans de paix entre le fût de bois et la bouteille. Mais aussi de la fermeté, de l'élégance et de la soie pour l'âme. À l'opposé de l'ovale du *rooftop*, au-delà de la piscine, apparaît soudain un *utrero* musclé et bondé de ressorts. Un tueur qui charge. Un *zaino* sans un poil clair. Un diable noir mat. *El presidente* se lève, se campe, les pieds immobiles, prêt pour exécuter une statuaire, la passe de la mort. La *muleta* s'envole vers le ciel de Catalogne, mais le taureau, qui est sans doute plus près de quatre ans que de trois, a déjà fait volte-face. L'homme n'a plus le choix : ce sera l'*arrucina, muleta* soutenue par l'épée, bras droit replié dans le dos. « Vas-y, attaque la hanche droite ! » Quart de tour à gauche, l'étoffe vole. Il est Nijinski, il se croit toujours en vie et les Américaines avec leurs sacs de shopping hurlent de joie et renversent leurs mojitos de l'après-midi : *Olé ! Olé ! Olé !*

Ludwig que tout le monde appelle Ernst est un *tremendiste* au comble de l'excitation : il torée à l'instinct, n'a rien étudié de l'animal, sa *faena* allie le spectacle dramatique à tous les dangers. Oui, il mériterait un *toro de fuego,* ce feu d'artifice qu'on tire à partir d'un taureau postiche pour amuser les belles dames des meilleures places. Ce bestiau est un *sentido*: il réfléchit et dresse son mufle au vent chaud; il comprend *el presidente* et ses semblables. Ne s'avouera jamais vaincu. Un demi-parasol arraché au bord de la piscine pointe la bête écumante. Il arrache sa cravate de soie d'or et la ressert sur ses cheveux épars au-dessus de sa *coleta.* C'est l'acte final. Il grimpe sur la rambarde comme autrefois sur les barrières du *callejón.* Il rêve de déclamer ses plus beaux gestes d'appel, de piquer le sable et de s'envoler pardessus le taureau. Sans laisser de trace. Tel l'oiseau de Fernando Pessoa qui s'oublie et ne sert plus à rien. Se rappeler, dit le poète, c'est ne pas voir. Mais lui, l'homme, il voit les taureaux échappés de toutes les arènes de toutes les villes. Lui, l'écrivain, il sait découper le monde et infliger les belles blessures. Il boit tous les jours avec la mort et la trompe avec ses passes de chapeau. Il se moque d'elle et de ceux qui oublient d'applaudir, là-haut dans les derniers gradins.

Alors il se lance de toutes ses forces face à la bête, pique à hauteur de nuque. Mais l'ange de l'enfer grossit, grossit et se rapproche. Le soldat des arènes hurle: *Olé, diablo!* et déclenche un sauté de taureau digne des livres d'histoire. La trajectoire est celle, parfaite, de l'oie cendrée cueillie en plein vol par une balle TT de calibre 12. Dix étages dans le soleil et le bruit du torero qui vole l'âme de l'animal et s'effondre à son tour après le *descabello* et la rupture du bulbe rachidien.

Au cimetière de Poble Nou, ils sont quatre pour la mise en terre de Ludwig que tout le monde appelle Ernst : l'hôtelier Juan Don, la prostituée Castille, un galgo couleur marbre blanc, et tout au fond, derrière la statue de la Vierge, à un mètre au-dessus du sable, Islero, le taureau qui tua Manolete.

Rainer Richter

— Herr Richter, aux archives, je n'ai retrouvé de vous qu'une photo floue...

— Si je m'étais prénommé Gerhard, vous auriez aimé ce léger voile. Le même qu'il a tiré en 68 sur sa collotypie de Mao. Celui de ses paysages ou de ses abstraits transparents. Celui de la série « Mort par balle ».

— C'est si difficile d'avoir le mauvais prénom ?

— Il y a pire. Rainer, ce n'est pas si mal, non ? Il y a Rilke en poésie, Fassbinder au cinéma. Je peux me consoler en m'imaginant comme le meilleur Rainer de la peinture contemporaine si l'on excepte Arnulf Rainer, mais lui, il s'agit de son nom...

— Parlez-moi de votre prochaine exposition chez

Ulysses ! On dit qu'elle sera placée sous le signe de Goya.

— Mon cher, ils me surnommaient comme ça, dans la vieille pension barcelonaise où je préparais mon exposition. Peut-être bien parce que, comme le Maître, j'y peignais le sang des bêtes mêlé à celui des hommes ; c'est l'explication très raccourcie de mon grand cycle des rouges que vous retrouverez à la Galerie Ulysses. J'avais un voisin de chambre qui défiait des taureaux imaginaires. Il y avait aussi beaucoup de prostituées, parfois aussi vieilles que cet immeuble, parfois jeunes à vous rendre fou. J'ai d'ailleurs peint un grand format avec les règles de l'une d'entre elles qui — Dieu merci — ne crachait pas sur les billets.

— Je peux l'écrire, ça ?

— *Lieber Journalist,* écrivez ce que bon vous semble ! Votre magazine *Spectrum* est à la culture ce qu'apporte à la Schnitzel une mauvaise chapelure. Du reste, le seul mot putain fera perdre le fil à 25 % de vos lecteurs de centre-droit, et peut-être même à quelques libéraux.

— Goya, la corrida, votre cycle rouge en leur honneur, si j'ai bien compris, et en prime, la Barcelone Babylone des artistes fous : on est en fait assez loin de l'épure noir-blanc de vos portraits dégénérés, ou, si l'on remonte plus loin, de votre grande série Les vagins de Sainte-Alix.

— Ah ! L'inévitable continuité, l'approche évolutive

qui fait saliver le critique de sous-préfecture. La seule continuité respectable, c'est celle du désespoir. Ma peinture, regardez-la pour ce qu'elle est : la mémoire du peuple, comme chez Goya, pas celles des historiens, des copistes et des ronds de cuir.

À cet instant précis, un des buveurs immobiles du Café Sperl s'effondre sur son plateau d'inox, fracasse le carafon et s'éclate le front. Insensible à l'état de l'ivrogne, Rainer Richter détecte aussitôt un nez de cerise, peut-être bien du Morello. Et de fait, là, mélangé au sang du pauvre homme, c'est bel et bien du Zweigelt, le vin des nazis, créé en 1922 par un professeur que fascinait l'idée de rendre l'Autriche indépendante des vins étrangers.

Il jette un coup d'œil à son galgo blanc que le journaliste n'avait toujours pas remarqué. L'animal lèche une éclaboussure, une tache de vin au bas de son dos, étrange composition œnologique qui n'est pas sans rappeler à la fois le front du camarade Gorbatchev, le velours usé des banquettes, et les moulures dégoulinantes du Sperl. Au milieu des débris, un serveur et un plongeur tentent de stopper l'hémorragie de ce « jacques à la ville ». Sans trop y croire. Avec des linges sales.

— Monsieur Maier, ce pauvre type vient de faire aussi bien que moi en six mois de retraite studieuse. Regardez ce tableau ! On dirait un torero embroché qui attend la charrette médicale, ou à l'opposé de l'arène, un taureau en charpie qui affronte une dernière fois le *picador.*

— J'espère que votre exposition sera une réussite.

— Dites-leur bien, à vos lecteurs du dimanche, que Goya ou moi, nous rêvons. Même quand nous peignons un thème identique des mois durant. Notre violence, c'est un rêve pur. Je laisse la beauté facile et la continuité du réel aux femmes et aux experts-comptables…

Il écrase son mégot entre deux doigts et l'expulse à l'autre bout de la pièce.

— Viens, Canela !

Rainer Richter et son lévrier espagnol remontent la Gumpendorfer Strasse pour se glisser chez Felixx, ses luminaires décadents, ses alcools divins, notamment la quetsche et la cerise stockées dans des tonneaux en acacia. L'endroit lui rappelle les saletés de Montherlant — « la solitude, cette aile, qui vous en tire et vous soulève ». Une ambiance rouge où l'on boit et discourt sans avoir à laisser d'indices de ses penchants les plus intimes. La dernière fois, il y a vendu un tableau, *Pello*, la dépouille fumante et stylisée d'un utrero, à un dénommé Stephan Geyer, jeune officier qui lui a montré l'arme d'ordonnance avec laquelle il comptait mettre fin à ses jours. Ici, le chien a droit à une écuelle d'eau, généralement utilisée pour la vodka Redbull des colliers cloutés, dans la backroom du sous-sol, au pied des banquettes à viande.

L'été, le peintre ne peut s'empêcher, le soir venu, de traverser le Burg ou le Volks, deux jardins extraordinaires où les statues blanchâtres et moisies veillent sur les bancs publics, spectres de la Vienne impériale aussi imprécis qu'un portrait du grand Richter, l'autre, le polymorphe, le photographe du quotidien, l'Allemand de l'Est. Rainer aime les sacs à crottes rouge vif du Burg et y fume une ou deux Belvedere avant de s'en aller traquer les idées de tableaux plus loin, au Kruger's de Sinatra et Aretha ou au Loos Bar, parce que les lignes de l'architecte y sont d'une clarté unique qui l'inspire, et, bien entendu, parce que Loos a découvert Kokoschka. Des cuites créatives, donc. « On ne se noie jamais vraiment dans l'alcool, c'est plutôt lui qui vous apprend à nager dans le Danube ou dans la mer », a coutume de dire Rainer. Mais aujourd'hui, il reste sur le rivage. Parce que dans quelques heures, l'acheteur sonnera à sa porte et lui apportera des liasses d'euros bien repassés.

R. était propriétaire de quelques Klimt et de nombreux Schiele : un paysage rare de Gustav, une toile d'Egon représentant son oncle et des dessins de femmes dantesques, pas tous identifiés. Dans les contemporains, il se contentait d'acheter du Arnulf Rainer et du Rainer Richter. Le reste, il n'en parlait pas. Mais tout le monde savait : l'acheteur cherchait depuis des années, dans les collections privées, un couple signé Schiele où une femme rouquine masturbait un homme à peine esquissé. Certains affirmaient qu'il était prêt à poser plusieurs millions sur la table pour ce dessin avec des rehauts d'aquarelle, même s'il était évidemment loin de valoir une telle somme auprès des enchérisseurs internationaux.

Rainer, plus jeune, voulait mourir à 28 ans. Comme Schiele. Ou comme Caligula. Le premier, à l'instar de tous les intellectuels de la Vienne 1900, avait confondu le sexe agressif et la libération des mœurs avec la révolution sociale et politique qui mettait un terme aux soubresauts de l'empire. Le second s'était perdu dans l'exercice du pouvoir parce que celui-ci, disait-il, donne ses chances à l'impossible. Ce que le tyran put vérifier. Lui qui assassinait à tour de bras pour s'assurer d'un règne sans contradiction périt sous les coups de sa garde prétorienne. Un miracle pour la plèbe et les esclaves de Rome qu'il a fait souffrir trois ans, dix mois et huit jours.

Le sexe et l'impensable, voilà les aiguillons de tout bon peintre de la non-culture. Rainer en est convaincu. Il mélange du riz sauvage, des épinards et de la viande hachée au Blaufränkisch pour son galgo. Cette femelle lévrier, il l'a ramenée de Barcelone, l'été dernier. Juan Don, le patron de sa pension, ne savait à quelle belle âme la confier après la mort de l'écrivain qui avait déjà adopté ce chien errant. Rainer appréciait et Juan et ce Ludwig que tout le monde appelait

Ernst. Il avait donc décidé que cette jolie levrette serait désormais sienne. La dame finit sa jatte et s'envole telle une luciole dans le colimaçon de fer forgé qui mène à l'espace nocturne.

Rainer s'assied dans le fauteuil de chêne cérusé que Josef Hoffmann a conçu pour le peintre suisse Ferdinand Hodler et sa femme, Berthe, bien calé sur ces tissus soyeux qui incendient les dessins de Dagobert Peche. Il aime ces bois centenaires qui ne cachent pas leurs veines à l'image des meubles conçus par les menuisiers japonais du XIXe. Sur la table basse, à portée de main, trône un humidor d'Elie Bleu, une boîte aux vertus symboliques et surnaturelles de la Chine qui célèbre le dragon avec une marqueterie de sycomore et de la nacre blanche du Pacifique, ainsi que deux systèmes d'humidification et un hygromètre. Un cadeau de l'acheteur : il n'y en avait que huit au monde.

L'homme de la Hietzinger Hauptstrasse — la rue où Schiele rendit l'âme — caresse la peau lisse du Lanceros. Un Cohiba indissociable du Che et de Fidel, presque un tableau à l'*impasto.* Avec sa cape huileuse et sa chair goûtue puisque trois des quatre types de feuilles utilisées dans sa production subissent une fermentation supplémentaire en barrique. C'est le secret qui donne accès à des arômes et des saveurs uniques dans l'univers du tabac.

L'immense homosexuel au costume éléphant

pousse la porte vitrée à demi fumée.

— Rainer Richter en pleine extase tabagique ! On croirait voir l'orgasme de *Teresa de Jesús* de Bernini défoncée par la lance fouisseuse de l'ange.

— Il vous arrive encore d'avoir un regard artistique qui soit distinct de la sexualité des bêtes ?

— L'art est dans l'excès, c'est pour cela que je vous achète, *mein Freund* !

— Est-ce pour cette raison que vous avez investi sur ces Chinois disjonctés qui sont à la mode ? Je pense à celui qui tue des animaux pour en faire des sculptures luminaires, ou à l'autre qui se dit cannibale et se photographie mangeant un bébé mort-né.

— Mais ils valent des millions ! Parfois, un collectionneur doit savoir penser avec son porte-monnaie ! Certains initiés sur ce marché laissent entendre qu'il n'est pas question là de marketing, que ces artistes ont réellement fait ce dont ils s'accusent eux-mêmes. Mais cela ne révulse personne : ça décuple simplement la valeur des œuvres.

L'acheteur réprime une quinte de toux...

— Diable, vous voilà nanti d'un fort bel animal...

— Elle est mon public. Silencieuse. Attentive. Le chien de peintre par excellence.

Dehors sur le trottoir, un cercle de jeunes gens faisait tourner ostensiblement un Boeing d'au moins quatre feuilles. Le peintre reconnaît, drapé dans son renard bleu Majorelle, le gigolo céramiste de l'acheteur. Les autres avaient des têtes de musiciens de claque.

— Je peux jeter un œil, lâche l'acheteur avec une gourmandise pesante version 5XL.

De son index de raptor, il fait défiler les toiles sur leur présentoir aussi vite que les vinyles dans un bac de disquaire. Il en sort deux, les pose contre le mur sans ménagement aucun. La première oblige même le galgo à se réfugier sous un établi cironné.

— La toile mercure qui a fait peur au chien, avec ces deux masses en relief, croisements entre rhombes et pyramides, c'est une approche des autres mondes qu'on pourrait rapprocher de H. R. Giger et de Philip K. Dick. La noire, c'est la dernière nuit de l'Univers, et ses parties 3D, la liberté de tout un chacun d'y voir ce qu'il veut. Tu prends ?

— C'est un sept décomposé ou je suis décidément un ignare patenté ?

— Les sept prophétesses de la tradition juive, les sept couples de chaque espèce sur l'Arche, les sept cieux créés par Dieu, les sept joies et les sept douleurs de Marie, les sept voiles de Salomé, les sept Tawaf autour de la Kaaba ? Je continue ? Les sept degrés d'initiation au culte de Mithra, les sept principes de base du Bushidō, les sept chakras... Je peux allonger la liste presque à l'infini, si ça vous amuse.

— Et le sept fois dix briques qu'il va me coûter, vous l'avez dans votre liste, Herrn Richter ?

— Deux bons choix. Récents, jamais exposés, *in the mood.*

— Et ce rouge sang avec deux toutes petites taches, une noire, une en or, là, tout là-haut à côté de l'enseigne Johnny Walker ?

— Je l'ai fini cette nuit ! Il sera exposé chez Ulysses. Si on s'approche à moins de deux mètres du tableau, les miniatures s'éclairent : la noire c'est un taureau mort, et l'or, un torero vainqueur. Tous deux sont noyés dans le sang de l'humanité contemplative.

— Bon, soupire ou souffle ou ronfle l'acheteur. Deux cent mille pour les trois, affaire conclue ! Mais je pose une condition : je veux Rainer Richter demain soir, 23 heures, à ma fiesta « grands vins et bordel » ! On aura tous une chambre au Vienna Marriott, on mangera chez Clementine im Glashaus et on finira au Babylon. Pas plus de deux cents mètres de marche : un *event* comme je les aime...

« RR » décide de s'habiller tout en blanc, à l'instar des soirées tropéziennes d'Eddie Barclay et du pelage immaculé de son galgo. Il sort de son dressing le smoking en laine vierge griffé Hugo Boss, et un col roulé absolument immaculé. La levrette le regarde enfiler la chose avec les oreilles exceptionnellement droites. Des mocassins vierges en crocodile satin de Enzo Bonafè complètent le look du peintre. Lui et son quatre pattes font la paire.

Une BMW série 7, blanche elle aussi, et bien trop

rapide — Rainer avale une double dose de bêtabloquants — les emmène droit sur Schönbrunn, puis Naschmarkt, Musikverein, InterContinental, Stadtpark, Ritz et, terminus, Marriott. Le concierge lui évite les formalités. Il a une suite à double king size avec vue sur le parc et les défilés de demi-débiles qui vont se prosterner devant le monument Johann Strauss.

La déco est apaisante : stabilité, conservatisme, calme et élégance définissent le yin des lieux. Le peintre se dit qu'une telle gamme chromatique doit titiller les bourgeois habitués des odes banales, du blanc cassé au brun clair, autant de sentiments tranquilles qui s'accommodent même du gris ou du jaune selon les compositions. Ah ! le bonheur simple de l'écru, du grège, du mastic ou encore du sable. Sérénité parfaite pour une partie irrévérencieuse de jambes en l'air. Rainer prend la pochette de son porte-documents Lottuf blanc et décide d'aller fumer un double corona Churchill sur le lounge en tek qui coiffe le palace. Le galgo, lui, finit de croquer le sachet de dragées piqué à côté de la Nespresso.

Au Palais Coburg, l'acheteur a fait ouvrir les Archives du vin, six caves avec des ambiances différentes pour honorer un trésor de 60'000 bouteilles. Richter choisit l'option californienne, avec d'autant plus de plaisir qu'il ne connaît personne parmi la bande de pique-assiettes qui se bouscule en parlant d'Amérique. Il s'assied au bout d'une table plus silencieuse. Premier service. Du Sine Qua Non, un petit domaine cultissime du sud de la Californie — cinq ans d'attente pour une commande — avec, ce soir-là, The Hussy 2000, une merveille pour la roussanne. Suavité, saveurs confites, miellées, sublime même sur un turbot. Et en prime, le Pinot Noir No 6 2001. Acacia, mûres, cerises douces, olives noires : une belle dame de charme et d'expérience au parfum envoûtant.

Nouveau passage des serveurs gantés avec un Cabernet Sauvignon Private Reserve 1985 de Beringer. Un shoot langoureux de menthol et d'eucalyptus avec une étonnante touche d'orange sanguine au palais. Le peintre jette un œil distrait sur la liste des vins et réclame le suivant, son préféré, un Stag's Leap Cellars Cask 23 de 1987, un nectar largement supérieur au mythique Mouton Rothschild.

Tant pis pour les crus qui restent à déguster : il attrape son verre de la main gauche et la laisse du galgo de la droite, avant de sortir théâtralement s'installer sur le rebord d'une fontaine, entre les plantes rares et les statues. Il se réjouit déjà d'emmener sa protégée sur les tapis rouges du Babylon. Et il se demande si l'un des anges de cette nuit saura bomber son pantalon si serré.

Rainer les repère tout de suite, sur les tabourets du bar rouge alors que l'acheteur et ses mignons prennent d'assaut le salon aux tapisseries panthère.

Ils sont alignés derrière une suite de Stroh 80 servis dans des ballons Paloma Picasso. Quatre quidams, costumes fripés et teints blêmes. Des musiciens, il en est certain. Jazzmen, probablement. Il faut ça pour avaler du *Inländer-Rum.*

Le peintre s'accoude auprès de Chapeau Noir. C'est le seul à découper du regard la déco Printemps de Vienne des lieux plutôt que la trentaine d'apparitions qui sirotent des cocktails ou glissent d'une pièce à l'autre accrochées à d'interminables fume-cigarettes en bakélite. Il incline la tête de vingt degrés pour attirer l'attention de la barmaid la plus rousse des deux. On dirait des sœurs jumelles. Une version un peu plus charnue dotée de cheveux plus en volume et en betterave. Et une option d'une incroyable finesse, dans les mêmes tons, mais avec une bouche japonisante prolongée de deux fossettes profondes et volontaires.

— Emma pour vous servir.

— Je voudrais l'un de vos si piquants *Lonsdale* Rafael Gonzalez… Ajoutez-y une bouteille de Stroh et servez aussi ces messieurs !

Les quatre remercient d'un chorus trompettant. Et Chapeau Noir se racle la gorge.

— Cher Monsieur, permettez-moi de vous présenter le Limmat Jazz Quartet au grand complet !

— Des Zurichois ? Enchanté ! Je vous ai aperçus l'autre jour chez Felixx tandis que vous attendiez l'acheteur.

— Oh ! Herrn Richter ! Quel plaisir !

— Le pachyderme vous a loués ?

— En quelque sorte.

— Ne soyez pas choqués : les artistes sont tous des prostitués, moi le premier. J'aurais dû l'étendre d'un crochet du gauche depuis bien longtemps, mais je n'ai toujours pas fini de payer mon appartement qui fait face à celui de Mozart.

— Il nous a ouvert les portes du Porgy & Bess et du Jazzland, tousse Barbe Blonde.

— Mais on doit quand même lui faire quelques trucs répugnants de temps à autre, intervient Poivre et Sel.

— Ferme-la, Monsieur Richter n'a sans doute pas très envie de renifler nos odeurs de caleçon.

— Détrompez-vous, jeunes gens : à votre âge le talent artistique est peu de chose si l'on n'y ajoute pas l'usage inspiré de la verge. Je dis bien : de la verge ! Je n'étais pas amoureux fou de toutes les vieilles qui achetaient mes premiers tableaux.

— Heureusement, on a aussi le poker. Il nous a fait gagner presque une semaine d'enregistrement studio.

— Je viendrai vous écouter si vous ne rentrez pas trop vite à Zurich.

— Je ne sais pas si on vaut le déplacement, sourit Chapeau Noir. On joue essentiellement des reprises : Miles, Coltrane, les trucs qui vont rester, quoi... Ici, trop de touristes ! Impossible de jouer nos compos ! Vous savez, on a tous fait une grande école de jazz et appris à composer.

Les invités, pour la plupart, avaient disparu à l'étage du penthouse, entraînant dans leur sillage les filles les plus conformes à l'escorting et à l'industrie du porno. Il restait toutefois deux critiques à la mode qui échangeaient à grands coups de champagne sur l'agonie de leurs titres respectifs, les malabars du service d'ordre, Madame Anita, l'encaisseuse en chef, et l'étrange quartet helvétique.

Rainer ouvre sa pochette : les quatre Sir Winston de Upmann sont là. Il est l'heure de leur trouver une chatte accueillante pour les parfumer afin qu'ils gravissent le toit du monde ainsi qu'il sied à leur génie, et qu'ils participent, en se consumant dans la perfection la plus absolue, à la création de la toile sur la corrida qui fait rêver le peintre. L'homme au galgo aspire à pleins poumons le plus chocolaté de ses cigares élus : bois précieux, meubles cirés, chair surette, noix, noisette, poivre du Cambodge, moka, brioche, toast, café et, *last but not least*, gingembre, ce qui n'est jamais mauvais pour l'érection.

Sous les sérigraphies Warhol originales de Marilyn, les musiciens s'installent pour jouer aux cartes. Ils n'ont certes pas les moyens de monter avec des filles, mais quelques-unes se sont quand même installées à la table d'à côté, espérant peut-être un retour de fortune. Les mises se font de vingt en vingt. Chapeau Noir et Barbe Blonde défient deux acheteurs de catégorie inférieure. Poivre et Sel et Chaplin en plus grand s'asseyent en retrait, juste à côté de trois anges châtain clair. Rainer Richter, lui, finit par grimper l'escalier avec Chloé de Budapest et Emma de Sofia. Incapable de trancher, il interroge sa libido, compte mentalement ses billets et opte pour un duo. Le photographe du *Kurier* déclenche en rafale : une vedette du Tout-Vienne avec deux accompagnatrices dénudées, ça ne se refuse pas, non ?

Les deux femmes ont pris un bain dans le jacuzzi en forme de cœur et il s'est enfilé une bouteille de XO du domaine des Chênes à Saint-Palais-de-Phiolin en Charente-Maritime. Le meilleur cognac du monde, qui plus est servi dans le plus beau des bordels. Plus chaud, plus puissant, plus fort et plus frais qu'un banal rapport sexuel. Le breuvage est cuivré comme la peau d'Emma qui vient de rentrer de la Dominique. Il sent le cuir, la vanille et le girofle. Et surtout, le chêne du Limousin. Le spectacle des deux barmaids — qu'il a préférées aux habituelles de l'établissement — vaut mille tableaux. Rainer respire ses cigares une dernière fois sur toute leur longueur, avant de les abriter dans des tubes d'aluminium. Il emportera, loin du Babylon et pour les fumer, ces instants acides, floraux et métalliques. Le trio rejoint le restaurant discret, au fond du Palais aux cent miroirs.

Madame Anita y offre un assemblage de rouges hongrois et sa goulash qui requinque les morts survivant aux bras de ses filles.

Rainer dévore, avide, et assure la conversation avec enthousiasme. Manger avec deux belles femmes après l'amour dépasse tous plaisirs, y compris celui de vendre des tableaux à un acheteur richissime. Il n'a plus de billets sur lui, mais une idée derrière la tête, un petit démon tenace qui l'a agrippé tantôt dans le salon en regardant s'installer le Limmat Jazz Quartet : le *Pochen* allemand du XVe, le poque français du XVIIIe ou mieux, le poker, roi des jeux qui fit sûrement l'Amérique autant que la chasse aux bisons et les massacres d'Indiens.

Le peintre se sent pousser des ailes. Il est soudain l'égal d'un héros du poker des sixties : Henry Fonda dans *Gros coup* à *Dodge City* ou Steve McQueen dans *Le Kid de Cincinnati.* Il s'assied d'autorité à la table de Chapeau Noir et de Poivre et Sel, hilares à force de plumer quelques smokings d'invités.

— Mes amis, aussi vrai que je m'appelle Richter, j'ai au moins 5 000 euros à perdre... Cartes, s'il vous plaît !

— Un match au sommet entre la musique, la peinture et les affaires ? questionne un rien ironique Chapeau Noir.

— Vous n'être pas de taille, rétorque Rainer.

— Ça se discute.

Et de poursuivre après avoir mangé son glaire de fumeur.

— « Je suis résolument convaincu qu'il est impossible de parler de la musique », dit Maestro Barenboim. Et je suis d'accord avec lui. La musique, c'est l'art des Muses qui recouvre aussi la poésie, le chant, la peinture, la sculpture. Dans sa forme parfaite, la voilà opéra ! Nous sommes ontologiquement en position de force.

— Taratata, se moque Rainer Richter en brassant les cartes pour mieux les étudier. La musique est forcément précise, scientifique et donc figée. Nous les peintres maîtrisons les détails et l'art de l'abstraction mieux que tout autre. Et nous travaillons par couches pour mieux révéler ce qui est caché.

— Si vous écoutez *La Mort et la Jeune Fille* de Schubert dans la version du quatuor Alban Berg, là on peut parler de révélation ! On est ailleurs, entre une réalité sensible et une réalité intelligible, Heinrich Heine l'a dit mieux que moi. La musique a le pouvoir d'apparaître à notre conscience, surtout quand on décuple l'intensité des instruments en studio.

— Je distribue, annonce Poivre et Sel.

Günther, concessionnaire chez BMW, croit bon d'avouer qu'à part le *Requiem* de Mozart, il déteste le classique. Chapeau Noir secoue la tête en examinant ses cartes, puis reprend sa thèse.

— Quand Furtwängler dirige sous les bombes à

Berlin, la musique quitte la matière pour rejoindre le pur esprit. Dans l'ordre des valeurs, on est alors dans l'ineffable, très en dessus des autres arts, et ça me semble indiscutable.

— Comme sur les toiles de Giovanni Giacometti quand il nous emmène en haute montagne, contre-attaque Richter. La peinture y devient plénitude, incantation, ou même, il ne faut pas avoir peur des mots, prière au Tout-Puissant.

— Cartes, demande le chauffeur de l'Acheteur engoncé dans son Ferragamo. On ne pourrait pas la fermer, Messieurs ?

— Ouais, cartes aussi, grogne Rainer... Je relance de cent !

Cette nuit-là, la musique triomphe de la peinture. L'autre Richter, ainsi qu'il se surnomme lui-même, perd près de 7000 euros. À court de liquide et après avoir utilisé toutes ses cartes dans tous les distributeurs du quartier, il mise même Lady Canela et... la perd ! À 5 heures, après l'avoir rassasiée d'un plat de canapés, la levrette est remise solennellement à Chapeau Noir. Elle lui lèche la main comme s'il avait toujours été son maître. Trottinant, frêle fantôme dans l'air lourd du Wiener Stadtpark. Silencieuse et gracile. Elle s'en va. Sans un regard pour Rainer.

Beau Saxo

Sax' au dos, bagage de cabine sur roulettes main droite, galgo blanc main gauche, Heinrich flâne en regardant les devantures des boutiques du Stadion Center, tout près de l'arène Ernst Happel où il a déjà vu l'Espagne du foot se parer d'un titre européen que les bookmakers promettaient sans hésiter à l'Allemagne. Une heure à tuer avant de prendre le bus pour Prague. Et un petit billet de 10 euros pour s'ouvrir les portes du jazz tchèque en rejoignant là-bas une formation *British* amputée de son saxophone ténor en ut — *this fucking C-Melody*. Car lui, Heinrich Matter, il assure lorsqu'il faut remplacer une pointure au pied levé, quels que soient les complices de la famille : sopranino, soprano, alto, ténor, baryton, basse, contrebasse. C'est son demi-frère, Tomy B., qui lui a arrangé ce plan avant de regagner Zurich avec le reste de la bande.

Il tourne en rond, mais trouve de quoi patienter chez Monika et Alexander. Le chien y est le bienvenu et le mélange vaut celui de son cher Café Hawelka, point de ralliement de ses soirées viennoises. Trois œufs jus d'orange plus tard, les deux voyageurs grimpent dans le bus et s'étalent sur la banquette du fond. Lady Canela, la galga si stylée du peintre Rainer Richter, vif éclair qu'il a gagné au poker, choisit de dormir contre la fenêtre. Matter, lui, s'étale donc au centre avec ses cahiers de musique et met de l'ordre dans le motif érotique d'un Lied qu'il a placé sous le signe de Schoenberg. Dehors, le temps et les ersatz de l'architecture postcommuniste défilent. Deux rails discrets avant de descendre du bus et ils marchent, aussi légers l'un que l'autre, dans Národní. Ils prennent une table au Café Nona, passage obligatoire des intellectuels et des néolibéraux, et, le trac s'étant envolé, s'apprêtent pour l'audition du jour au Reduta Jazz Club, distant de trois cents mètres à peine.

Plus tard, contrat paraphé, ils filent tout droit sur Notre-Dame-des-Neiges, Nové Město, le musée Alfons Mucha, pour finalement poser leur barda à l'Ambassador Zlatá Husa. Matter a choisi ce pied-à-terre parce qu'il a convaincu le manager des lieux de le laisser jouer sur la scène du joli théâtre de conférences aux happy hours de 17 heures, sans cachet, avec un simple chapeau noir sur un tabouret.

Ici, on respire l'art nouveau, même maladroitement réinterprété dans la déco. Et flotte le fantôme d'Allen Ginsberg, expulsé de Cuba vers la Tchécoslovaquie où les amateurs de sa *Beat poetry* vont l'élire *Král Majálesu*, « Roi de Mai », selon la tradition des étudiants, et ça, seulement parce qu'il est gay, juif, américain, drogué et bouddhiste. L'occasion était donc trop belle d'emmerder les communistes qui, sous la pression populaire, avaient autorisé le retour de cette fête ancienne et ubuesque pour la première fois en 1965. Ginsberg y est alors arrêté, ses textes étudiés par la police secrète avant que les Rouges ne l'expulsent sans ménagement vers Londres. Il a pourtant gagné : il restera le Roi de mai durant vingt-cinq ans, jusqu'en 1990, où, sous Havel, il remet sa couronne au vainqueur étudiant de la République libérée.

Le saxophoniste remplaçant se sert un demi-verre à whisky. De la slivovice Bolkovica, la préférée des ouvriers de Moravie, où tout a commencé au XVIIIe. Les mots de Ginsberg tanguent comme les notes qu'Heinrich exige de son instrument d'où s'envolent Rollins, Parker, Coltrane, Shorter, Young, Gordon ou Brecker. « Les mouches parlent pour moi, le vent dit autre chose », avertissait le poète. « Embarquons le monde au lit avant de mourir. »

Bercé par la prune distillée, Heinrich oublie peu à peu ces paroles qu'on ne dit pas, ces plans plus ou moins nets. Il ignore sincèrement pourquoi il se trouve là sans son frère et sans les deux autres membres du quartet, alors qu'il rêve juste de gagner assez d'argent pour composer son grand opéra sur le scénario de Pierre Louÿs, *La Femme et le Pantin.* L'argent de la culture est si rare aujourd'hui qu'aucun musicien ne contrôle vraiment sa vie. Beau Saxo ouvre la fenêtre pour accueillir le vent chaud et le soleil de Prague. Le choc est rude. Instantané. Une odeur pestilentielle écrase même le parfum de sa Dunhill Menthol. Un coup d'œil à droite et il découvre sur le rebord de la fenêtre voisine une douzaine de fromages frais qui coulent sur eux-mêmes et mouillent le cuivre de l'appui avant de ruisseler sur le grège de l'allège. L'effluence emplit peu à peu la chambre, âcre, agressive, aigre, amère, tiède, écœurante, animale, piquante, pisseuse, poivrée, suffocante et tenace. Heinrich n'en peut plus. Imprégné, il redouble de slivovice, en vain, il finit par bondir dans le couloir et écraser son poing sur la porte du voisin. Les pas sont lourds et l'homme dans l'entrebâillement ignoble. Un obèse torse nu de plus de 180 kg, avec des plis partout et quelques poils de barbe adolescents.

— Monsieur, vos fromages m'empêchent d'aérer ma chambre ! Vous ne pouvez pas user ainsi de votre fenêtre !

L'œil est apeuré, le cheveu gras et la voix fluette.

— Je suis désolé : je ne peux manger que ce que je produis moi-même. Je dois tuer ma viande, faire mes pâtes, pétrir mon pain. Et les fromages me sont indispensables.

— Le directeur de l'hôtel ne vous dit rien ?

— Je ne lui parle jamais parce que c'est un communiste dans l'âme et un capitaliste pour tout le reste, mais je suis le seul cousin du propriétaire.

— Oui, mais pourquoi ces fromages ? C'est la quintessence de la pestilence !

— Les obèses ne choisissent pas leurs aliments préférés, c'est le contraire qui se produit. Et moi, je voue un culte total aux fromages pressés et frais... Ce soir, je ferai des saucisses, l'odeur sera moins prégnante même si d'aucuns la trouvent écœurante.

— Vous voulez dire que vous avez du cochon mort dans votre chambre, ainsi qu'une broyeuse et un chaudron à fromage ?

— C'est cela même.

Il poursuit sur un ton qui frise l'excuse bon marché.

— Je travaille à un dictionnaire critique et historique des nourritures. Ça vous intéresse ?

Echappée de l'entrebâillement, l'odeur habite maintenant le couloir et ses lourds tapis.

— Je suis musicien de jazz à Zurich. Je joue quinze jours au Reduta pour remplacer un saxophoniste mancunien mort d'une surdose la semaine dernière. Je travaille aussi sur un opéra, mais il faut payer les factures alors je crapahute d'une capitale à l'autre avec mon instrument.

— J'ai de l'argent, des valises entières. Nous pourrions convenir d'une aide mutuelle. Vous faites mes courses le matin et je vous verse 100 euros à chaque livraison. Qu'en dites-vous ?

Matter visualise son porte-monnaie, et l'état de son studio dans le Kreis 4 à Zurich.

— OK pour moi. Glissez la liste sous ma porte et je vous ramènerai les sacs avant 10 heures !

— Je ne sors jamais de cette chambre. Frappez quand vous partez !

— Après tout, pourquoi pas... Bonne journée !

— Vous voulez un fromage ?

— Non merci, le club nous sert un repas, ça me suffit.

Le lendemain, sur le coup de 9 heures, Chapeau Noir frappe trois coups à la porte du Gros tout mou. La commande du jour est assez simple. Pour les *Knedliky*, de la farine de pomme de terre et de l'eau épurée afin de bouillir ces quenelles millénaires. De l'ail et des piments pour la soupe dans laquelle on va les tremper. Avec cette entrée, un Svíčková, donc de fines tranches de bœuf à cuire dans une sauce aux légumes du marché avec de la chantilly et de la confiture d'airelles.

Il met le cap Nord-Ouest, direction l'église Notre-Dame et l'horloge astronomique de Hanus, à qui l'on creva les yeux pour que son chef-d'œuvre n'ait jamais de pendant à l'étranger. En une heure, son sac à dos regorge de victuailles odorantes et fraîches que le voisin de chambre transformera aussitôt en abominations tchèques sur la cuisinière qu'il a installée dans son antre. Heinrich est fasciné par l'existence même d'un obèse repoussant qui passe sa journée à étudier sa gastronomie nationale reclus dans une chambre de l'Ambassador. Il s'ébroue. Il y a répétition et repas dans la foulée. Il lui faut à tout prix extraire cette créature aboulique de son cerveau, mais la voilà, qui l'attend sur son seuil pour mieux fondre dans ses marmites. Le galgo lui lèche la main qui a palpé le chou et l'ail. L'animal semble apprécier les émanations qui s'infiltrent même par la bouche d'aération que les salles de bains des deux chambres partagent. L'homme épaule le coffre de son sax' et fait signe au chien de lui emboîter le pas. « Les gens sérieux ont une petite odeur de charogne », écrivait jadis Picabia. Matter marche dans les rues de Prague avec l'impression de s'y perdre comme Chateaubriand, Claudel, Kafka et Camus avant lui.

Kristýna lave les verres. Elle est grande, fine, avec une poitrine incroyablement maternelle et une rivière de cheveux châtains. Elle a la voix chaude, elle est chaude, des mains au regard, des mots aux silences. C'est la seule âme un tant soit peu ouverte dans ce club.

— Tu vas bien, Mademoiselle ?

— Non, Chapeau Noir, je suis au bord du précipice.

— Tu n'en as pas l'air avec ta bouche fraise et ton parfum jasmin.

— Ne déconne pas ! Je suis enceinte et je n'ai pas le premier des 800 euros pour avorter.

— Le père est au courant ?

— Il y en a trois possibles...

— Tu vas leur demander?

— Pourquoi? Je n'en veux pas! Merde, j'ai 24 ans: je dois bouger, voir le monde, rire, faire la fête. Je laisse les couches et les biberons à celles qui ont harponné un geek plein de fric!

— Je comprends.

— Je vois bien que tu me baiserais volontiers. Mais si on le fait, tu m'aideras?

— Tu as combien?

— 200 cents. Je peux monter à 300, 350, si je taille quelques pipes pendant et après le concert de ce soir.

— Tu plaisantes?

— Comment crois-tu que je me paie un studio à Malá Strana dans Prague 1? Redescends sur terre, beau saxo!

— Je te file deux cachets à 200 si tu arrêtes de te vendre comme un paquet de cigarettes... Tu as quelqu'un pour t'accompagner?

— Non, les copines n'ont rien à savoir de tout ça... Quand tu couches pour cinquante, personne ne vient avorter avec toi...

— Je viendrai.

Le rire est un éclat de verre.

— Nom de dieu, Chapeau Noir, tu aurais pu être l'homme de ma vie. Je ne sais pas quoi dire ni t'offrir...

— Ne dis rien! Seulement quand et où... Je serai là!

Le premier concert, *A Love Supreme* de Coltrane,

revisité, est un triomphe même si personne ne peut dépasser le maître, McCoy Tyner, Jimmy Garrison et Elvin Jones. La suite de leurs quatre mouvements est un Everest artistique, mais ce soir-là à Prague, les trois Anglais et le saxo suisse font un sans-faute. Les lignes mélodiques sont propres, l'interprétation presque spirituelle, il n'y a aucune tricherie avec la structure de la composition. Une douce euphorie envahit le Reduta. Musique, prière et bonheur se fondent dans la bière tchèque. L'endroit est rare : top dix des clubs de jazz européens. Mieux, c'est le local d'origine du Théâtre Noir de Prague, la scène parfaite pour recréer l'affrontement du noir et blanc, du bien et du mal, de l'extérieur et de l'intérieur. Dans le couloir qui la mène à la loge des artistes, Kristýna se précipite sur Heinrich.

— C'est fou ! Je bosse ici depuis deux ans et je n'ai jamais vu un public aussi extatique. Tu as la classe, quand même !

Matter est délavé par la transpiration. Encore en transe. Il l'embrasse délicatement sur le front.

— Je veux que tu viennes chez moi ce soir, lui susurre alors la crinière de lionne.

— Laisse-moi me changer et boire une bière avec les gars. Après, c'est OK.

Beau saxo vibre de ces petites morts géniales qui font la vie. Le chaos des quatre instruments l'a décomposé, puis ressuscité grâce à l'oxygène même de la partition. La liberté harmonique et l'atonalité ouvrent des portes. Vers Dieu, estimait Coltrane. Mais aussi au cœur du Lied et de l'opéra, il le sait avec la certitude des notes qu'il a volées çà et là dans cette louange du Tout-Puissant couchée d'un seul trait, le 9 décembre 1964, dans le studio de Rudy Van Gelder. Ce soir, le corps de Kristýna est comme un solo de Tyner : il dépasse les résonances de tous les pianos de tous les mondes connus. Il la rejoint au pied de l'escalier, sur le rouge criard des tapis et des banquettes. Et, lui tenant le bras, ils s'enfoncent dans la nuit.

Elle porte la chemise bleue des malades et doit uriner dans un flacon pour confirmer formellement la grossesse. Le médecin qui a la moustache et la mèche de Havel effectue trois palpations sans conviction. On détermine le facteur Rh, l'hémoglobine, la pression artérielle, la température. On traque une éventuelle MST. On pose une sonde enduite de gelée sur son bas ventre puis sur son vagin. Les contrôles se terminent avec le branchement d'un saturomètre au majeur de la main gauche. La blouse blanche au stéthoscope installe alors un spéculum, sorte de bec de canard gynécologique, afin de séparer les parois vaginales. Il nettoie négligemment le col avec un antiseptique et procède à une anesthésie locale. Il ouvre graduellement le canal cervical avec des dilatateurs en métal. Heinrich écrase de plus en plus fort dans sa main les doigts de la serveuse. Sans dire un mot, l'opérateur plonge un tube creux dans l'utérus et enclenche la pompe à l'autre bout. Il aspire. Deux à trois minutes. Il empoigne enfin une curette pour râcler d'éventuels résidus placentaires et aspire encore, par habitude plus que par sécurité. Elle n'a pas crié. Ça a duré douze minutes. Pour éponger les saignements, on lui donne une grosse serviette de vieille femme, trop grande pour sa culotte de coton rose. Et on lui amène une assiette de *Rajska* pour lui remplir l'estomac. Une sauce tomate épaisse avec des Knedliky et du bœuf semelle. Trois quarts d'heure plus tard, ils sortent de l'hôpital Na Františku, marchent doucement, main dans la main. Jusqu'au Café Mozart où ils commandent une salade d'avocat au quinoa avec du fromage grillé. Elle l'a embrassé avant qu'ils s'asseyent.

Heinrich a laissé Lady Canela endormie sur la peau de tigre acrylique au pied du lit, et Kristýna lovée sous sa couverture bleu ciel. Il a pris le plus normalement du monde la commande du Gros tout nu. Des pommes de terre sèches pour les galettes, de l'ail, du cumin, de la marjolaine. Des fromages à paner. De la farine de levain, des prunes et des abricots pour les boulettes aux fruits. Il a même déniché du papier d'Arménie pour amenuiser les odeurs ignobles qui s'insinuent dans sa chambre. Il se lave la bouche et les doigts. Ce soir, il va jouer *Shoe Shine Boy* de Lester Young, *Body and Soul* de Coleman Hawkins et *Donna Lee* de Charly Parker. Un concert aux origines jurassiques du sax'. En bis, ils termineront sûrement par *Take five* de Paul Desmond, et, si c'est un triomphe total, *Desafinado* de Stan Getz. Heinrich sait qu'il y aura des frissons, des notes suspendues et beaucoup de champagne. Quand il a la chance d'interpréter de tels titres, il oublie son obsession pour Berg, Schönberg et Webern. Il déserte l'invention, l'opéra et les cahiers de Lieder qu'il a noircis. Et surtout, l'espace d'un souffle, il efface toutes ces femmes qu'il ne mettra jamais dans son lit.

Rendez-vous avec la serveuse au Grand Café Orient, peut-être le seul abreuvoir cubiste au monde, de la façade au premier étage de la Maison de la Vierge Noire, un havre d'esthétique des années vingt, dû au talent de Josef Gočár et imaginé lorsqu'il avait à peine 30 ans. Kristýna est là, sur les mythiques banquettes rayées de vert et de blanc. Elle n'a plus de cernes sous les yeux. Presque belle au milieu des lunettes cerclées et des cravates qui mangent du chou cubiste, la spécialité du lieu.

— Tu vas rentrer à Zurich?

— Encore trois jours. Je dois trouver une laisse pour le chien, la sienne est H.S..

— Je viendrai avec toi cet après-midi. Je sais où trouver ça. Ce n'est pas loin, au pied du Château et de la Cathédrale, à côté de la Taverne médiévale.

— Tu vas rester longtemps encore au Reduta?

— Je ne sais pas. J'hésite à partir et je vais peut-être le regretter.

— Hésiter est une preuve d'intelligence...

— Hésiter sur soi-même, c'est un mensonge qui pourrit la vie.

— Tu me fais penser à une amie peintre et romancière qui a presque le même paraître que toi. Elle s'appelle Isabelle.

— Dans cette vie sans aucun sens, le destin ça se

joue parfois à un sourire près, non?

— Peut-être. J'essaierai de te trouver une place dans un de mes cafés favoris à Zurich, mais je ne promets rien.

— Tu as fait bien plus que tout le monde, Chapeau Noir! Tu as sauvé quelques possibles dans ma vie et une belle tranche de ma liberté!

— Tu ne veux pas d'un chien? Je dois lui dégoter quelqu'un. Avec ma vie de bâton de chaise, je ne peux pas le trimbaler partout.

— Tu lui inventeras un futur, je te fais confiance. Tu l'as bien fait pour moi...

— Garçon, un Tokaji Late Harvest Oremus! Tout bien réfléchi, donnez-moi directement la bouteille!

Dernière livraison pour Gros tout nu. Des boulettes de foie pour une soupe de grand-mère, des saucisses courtes à mariner, des fromages gras aux épices, de la choucroute et des quenelles pour un canard très spécial, de la mie de pain, beaucoup même, pour la cuire avec de la pomme, de la cannelle, des raisins secs et du sucre, et puis de la bière, de la bière, et encore de la bière, sans oublier la Malinovka, une limonade aux framboises d'une perfection tout enfantine. L'acheteur aux fromages mous a la dysenterie. Ça sent sur tout l'étage. Le train pour Zurich part à 15h20. Lady Canela a déchiqueté les magazines de luxe que l'Ambassador laisse à la disposition de ses clients. À présent, elle dort sur le peignoir blanc éponge, la chaussure droite d'Heinrich entre les pattes, un morceau de lacet dans les dents.

Dans le train, il fait l'amour maladroitement avec une peintre slovaque qui doit retrouver sa fille au bord du lac Léman. Elle aime le tantra et il n'a pas le droit de jouir. Difficile avec cette blonde aux seins lourds qui le branle avec sa poitrine et le suce longuement, avec conviction. Il apprend, en partageant un joint, qu'elle est vaginale, fabrique ses pigments elle-même, cultive plus de cinquante variétés de roses dans son jardin très suisse. Et puis, dans le désordre, que son œuvre bénéficie d'une salle entière au Slovak National Gallery de Bratislava, qu'elle ne connaît l'extase qu'en plongeant dans le golfe du Mexique parce que son père lui a laissé une maison avec domestiques *Indios* à Mérida. Elle a aussi une fille comédienne qui joue souvent nue dans des pièces de théâtre d'avant-garde. Et un mari jaloux qui est l'un des plus grands restaurateurs d'art du monde. Un génie digne, notamment, des plus grands peintres de la Renaissance italienne. Il est impuissant mais il a sauvé — pour la gloire du monde — des Piero della Francesca, deux Fra Angelico, un Masaccio et un Pérugin. Un tel homme ne peut pas être mauvais.

Zurich, comme souvent, propose des nuages aux formes étranges, dragons, serpents, crinières de lions, tornades, spirales, bons et mauvais génies, qui, tous, semblent échappés d'un roman de Thomas Mann, le fantôme magnifique, avec sa femme Katia, du Baur au Lac — à leur époque le seul hôtel qui donnait sur le Zürichsee — et du cimetière Kilchberg. Heinrich aime les ombres de sa ville : Lénine, Einstein, Musil, ou plus proche de lui, Max Frisch, Dürrenmatt.

C'est sa dernière promenade avec le galgo blanc. Il repart demain pour Berlin, puis enchaîne Copenhague, Bruxelles et Saint-Germain-des-Prés. Son amie Isabelle a dit oui sans hésitation : elle accueillera la chienne. Lady Canela lui tiendra compagnie et l'obligera à s'oxygéner La jeune femme ne sort plus, termine un roman et il lui manque sept ou huit tableaux pour sa prochaine exposition. Un peu de renfort ne sera pas de trop. La dame lévrier traverse la foule sur la Langstrasse, l'ancien quartier rouge, avec la hauteur et le je-m'en-foutisme d'un vrai protestant zurichois. Ils s'arrêtent chez Fat Tony pour manger quelques tranches du Parrain, pizza céleste avec pastrami, rucola, parmesan, choucroute et tomates dates. Heinrich empoigne le goulot d'une Brooklyn Lager, puis celui d'une Blue Moon.

Chapeau Noir et galgo pointent ensuite sur la Limmatplatz, laissent derrière eux Lily's et le Werner's, tabac culte des Ray-Ban aux jantes larges. Il voit son amie de loin, dans sa robe blanche moulante aux fleurs pastel, avec, contraste bienvenu, sa chevelure noire de Chine et ses sandales à talons rouge vif. Isabelle sent toujours bon. Elle est l'été. La levrette lui lèche spontanément la main et balaie la culpabilité du musicien en trois battements de queue. Les bruits de Zurich vibrent en série et en réseau. On dirait des variations de Webern, peut-être celles que la mort l'a empêché de terminer. La fille, le chien blanc, la ville noire sont les éléments rationnels de ce matin-là. Heinrich Matter fait demi-tour. Il aime marcher seul.

Il Mostro

Elle est seule dans ce qu'il faut bien appeler l'atelier. Aucune des créatures terribles qu'elle peint n'adhère au tableau. Alors elle pose son pinceau et s'assied au bureau avec l'espoir de poursuivre la traque du Monstre. Mais comme les couleurs, les mots sont paralysés. Il y en a certes quelques centaines, là sur le carnet de notes, mais que dire de plus ? Il l'a contrainte à des pratiques sexuelles dégueulasses alors qu'elle avait 5 ans, et cela a duré jusqu'à l'âge de 8 ou 9 ans, au fond elle ne le sait plus. Il a plongé sa mère dans un tel désespoir qu'elle mangeait une plaquette de douze paracétamols de 1 mg par jour en se tailladant les bras en silence devant la fenêtre du salon. Lui, le psychopathe, il parlait aux êtres suprêmes, magnétisait à tour de bras et violait ses clientes en détresse. Le Monstre a appris la musique et transmis le mépris des femmes au frère, un honnête pianiste de jazz qui se rêve génial et pratique la pleine conscience et la cérémonie du thé en concert.

Isabelle, elle, n'est pas vraiment une Monteleone, un membre de cette tribu venue sans rien des vallées qui descendent vers Palerme, là où poussent les câpriers, les enfers de la montagne et des œillets à damner un botaniste.

Dans la famille élargie, personne n'a levé le petit doigt pour éduquer la rebelle ou, pire, essayer de la sauver alors que tout le monde savait... Aujourd'hui, elle ne peint pas, n'écrit pas, parce que les blessures s'écoulent en permanence, comme le sang artériel dans le *Parsifal* de Wagner, avec l'interminable agonie d'Amfortas blessé par la Sainte Lance, filmée — durant quatre heures et quinze minutes — par Hans-Jürgen Syberberg. À 15 ans, lorsque son père aurait dû accuser le répétiteur de mathématiques du viol qu'il venait de commettre sur sa fille, il a choisi d'ouvrir une bonne bouteille en sa compagnie. Les salauds se reconnaissent aisément frères de verge. De parfaites vomissures, bien droites dans leurs bottes patriarcales.

Plus tard, quand elle s'est fait déchirer dans le train par un gentil garçon futur père de famille de sa ville natale, *il mostro* et sa femme l'épave se sont contentés de la faire défiler devant des charlatans de leurs relations qui allaient du psychotique au débile léger. Oui, peindre et écrire sauve de la boue, mais il est des jours où rien n'y fait. Mi-surpris, mi-séduit, le galgo dont elle a débarrassé Heinrich pose la tête sur sa cuisse. Il faut le sortir sous la pluie. Après tout, peut-être est-ce là la source première, l'eau bénite des recommencements.

Les mots, il faut les adopter et les forcer un peu pour les obliger à dire à quel point, victime d'inceste, on n'a cessé d'exister. L'artiste a cette faculté d'entrer dans des mondes parallèles pour atténuer sa souffrance. Si Isabelle est solaire, son ami saxophoniste Heinrich Matter le dit, c'est parce qu'elle a dépassé l'horreur, le pluri-traumatisme, qu'elle a synthétisé toutes les douleurs de la création. Au point de n'être plus qu'un personnage de blanc et d'acier, d'immobilité et de froideur, un Christ féminisé de Bramante, et non un Jésus musclé et intouchable du Tintoret ! On a le droit d'être une femme même quand, enfant, on a été obligée de sucer son père dans la baignoire, ou qu'on a dû, *a minima*, danser toute nue au milieu de ses collègues de travail, des hommes que la société honore, des garants de l'ordre et de la loi, bien droits dans leurs costumes amidonnés de putains de flics.

Elle entend Charlotte qui rentre des courses et le bruit habituel des bouteilles d'alcool dans le cabas. Prostituée occasionnelle, surtout les fins de mois, la danseuse aux épis blonds partage sa vie depuis un an. Elles ont rajouté à l'herbe un cocktail de gin, de vodka et de vins bon marché qui aidait parfois Isabelle à peindre, à sublimer sa vie sur l'établi qui encombre la petite chambre du fond, ou, la nuit venue, sur le clavier de son MacBook Pro 16 pouces immersif avec des processeurs ultrarapides.

Le viol n'est pas toujours patent. Les plaies sont souvent discrètes, évanouies, inapparentes. Ne cherchez pas le sang là où ne sont passés que des fantômes abjects et assourdissants ! Le sexe n'a rien de sale encore moins de sanglant, c'est bien la contrainte et la domination qui sont monstrueuses. Mais comment l'expliquer de sa plume ou de son pinceau ? « On peut violer les lois sans qu'elles crient », écrivait Talleyrand. Il n'y a pas grand-chose à ajouter. Mais Isabelle, elle, a décidé de ne plus se taire.

La danseuse coule son bain. Isabelle abandonne momentanément son papier sur les grandes férias du Sud, une commande qui paiera la taxe poubelles. Puis émince du persil, des échalotes et une tomate cœur-de-bœuf, monte la mayonnaise, glisse quelques nuggets au four, avant de couper des pains à hambourgeois tout frais de chez le boulanger.

Elle sert deux perroquets sur glace. Charlotte va apparaître d'une seconde à l'autre dans son peignoir maïs. Elle fera des flaques dans la cuisine, esquissera trois pas chaloupés et l'embrassera de sa bouche grenadine. Sa douce a envie de percer les nuages, de courir sur la plage, comme si elle n'avait ni âge ni dommage.

— On n'a plus de sous.

Pour Charlotte, il n'y en a jamais assez. C'est un

aspirateur à billets. Isabelle se demande parfois si elle ne salarie pas son amie.

— Le réfrigérateur est plein. Pour dix jours, on n'a besoin de rien.

— Il faudra du vin et j'ai vraiment besoin de fringues.

— Tu patienteras. Je fais comment, moi ?

— Toi, tu as du job ! Moi, je dois me présenter tous les trois jours à un éventuel employeur et comment ferrer du poisson avec des pantalons déchirés et des chemisiers vieillots ?

— Je ne te prête plus la carte : tu m'as mise dans le dur les deux derniers mois. J'y suis pour plus de mille !

L'acheteuse compulsive claque la porte de la salle d'eau et, dix minutes plus tard, après avoir balancé le portemanteau, se précipite dans l'escalier. Bien sûr, il y a ses seins pommes et sa chatte au parfum de pêche de vigne, mais certaines histoires ne sont pas faites pour durer. Elle profitera de son prochain reportage à la montagne, chez une chanteuse d'opéra, pour demander à Charlotte de plier bagage. Rien ici ne lui appartient. Ce sera vite réglé. Quand on se sépare, se dit Isabelle, c'est toujours trop tard. Mais l'avantage d'une rupture, c'est l'éloignement : on ne tourne pas seulement le dos à une compagne, mais à tout le troupeau, au bruit que font les choses. On évite des tragédies assez courantes. Surtout chez les bourgeois, si l'on en croit Simenon. Lady Canela lui donne la patte droite. Solidarité canine.

— Tu as raison, sourit la jeune femme. Il faut bouger, partir, cloisonner. On avance uniquement lorsqu'on est coupée de ce qu'on ne comprend pas, de ce qui nous amène à la tentation du couple bourgeois. Même dans le couple passionnel, on finit toujours par manipuler des venins ou des virus et j'ai bien peur qu'il n'existe aucun antidote.

Le galgo lui tend une deuxième fois la patte. Elles sortent de conserve, direction le Jardin chinois et les rives du lac.

De Zurich aux sources du Rhône, le trajet nécessite une bonne demi-journée de voiture — en étant bien organisé. Il faut adopter un rythme quiet, fenêtres ouvertes, le long des lacs de Zoug, de Lauerz et des Quatre-Cantons, puis en grimpant silencieusement, la plupart du temps sous ce soleil alpin qui brûle la peau. Le galgo dort sur le siège arrière, la tête posée sur son jouet flamant rose. Isabelle insert le CD de *Norma* avant même de tourner la clé de contact. La voix de la Callas résonne dans l'habitacle de la Mustang Shelby. Un *Casta Diva* 1954 unique dans l'histoire de la musique, même si certains critiques lui préfèrent un millésime 52 à Londres, encore plus fou avec une voix d'*assoluta* romantique qu'ils qualifient de techniquement et dramatiquement inégalable. Et ce, même si Claudia Muzio, Rosa Ponselle, Anita Cerquetti, Joan Sutherland ou Montserrat Caballé ont également accolé leur nom en lettres d'or au chef-d'œuvre de Bellini.

Retrouver Sophie Fuchsberger, la plus belle des

chanteuses d'opéra, à 2000 m d'altitude, en privé, et la suivre dans la préparation de *Norma*, l'événement annuel de la Scala de Milan, c'est un cadeau du ciel pour une artiste-journaliste au point mort et un scoop du magazine *Opéra*! La dame vient de faire la une de *Vogue* après celle de *Time.* Sa parole est toutefois rare et donc guettée par toute la profession. Et puis, son lieu de retraite avant d'affronter la scène la plus exigeante du monde tient à la fois de l'unique et du mystique puisque ce massif de l'Aar-Gothard donne naissance au Rhône, au Rhin, au Pô et, via l'Inn, déverse ses eaux dans le Danube. Isabelle a réservé une chambre au Grand Hôtel du Glacier du Rhône, dans le hameau de Gletsch. La cantatrice, elle, loue un raccard tout simple un peu plus loin, sur la plaine qui bute contre la cascade de la moraine frontale.

Que demande-t-on à une femme parfaite? Son cursus professionnel et privé? Ses secrets? Son appréhension de chanter à la Scala et cette occasion incroyable de s'inscrire dans l'histoire de la musique? Elle s'arrête au début de la vallée, sur le promontoire du village d'Ernen, au BerlandHof de Klaus Leuenberger, une adresse de l'ami Heinrich Matter. Sur la terrasse, entre vaches et fleurs sauvages, il lui a donné pour mission de goûter aux joies du Cholera, un gâteau feuilleté moyenâgeux que les gens pouvaient cuisiner bouclés chez eux par l'épidémie, avec leurs restes d'oignons, de poireaux, de pommes, de patates et de fromage d'alpage. Entre deux grognements en direction des poules et des chèvres bios qui se promènent entre les tables, Canela se voit attribuer la moitié de la portion. De quoi se caler l'estomac avant que d'accéder aux sommets.

La chambre est spartiate avec un cadre de lit bicentenaire et un lavabo usé en faïence. L'important, ici, c'est le paysage, le dehors, les perspectives qui s'envolent vers l'écrin des montagnes. Isabelle décide sur un coup de tête, avec un jour d'avance, d'aller frapper à la porte de Sophie Fuchsberger. Elle s'équipe, lâche le galgo sous le porche de l'hôtel, et s'aventure, pas à pas, dans la prairie humide qui jouxte Gletsch. Il y a un chemin à peine tracé qui suit le cours du Rhône, et dans le décor quelques granges aménagées au milieu des vaches estivantes. La cantatrice lui a dit : « Troisième chalet en venant du village... » Joyeuse comme rarement, Lady Galga jappe à la poursuite d'un splendide papillon noir cerné d'orange. Isabelle se bat avec ses chaussures de marche, de brunes et souples Birkenstock Jackson Nubuck qui s'enfoncent profondément dans la plaine gorgée d'eaux glacières. Elle a oublié de les imperméabiliser et peste à haute voix.

À 30 mètres du chalet, elle distingue quelque chose d'étrange sur ou plutôt dans la porte. Encore quelques pas et elle reconnaît une belle perche — sorte de cognée d'un kilo et demi avec un manche de 80 centimètres — plantée dans ce qui avait été la petite vitre judas. À peine plus bas, trois, quatre traverses éventrées, de quoi passer un bras, peut-être même une jambe. Il y a une cloche de chevrette pour s'annoncer. Ce qu'elle fait.

— Bienvenue au chalet de *Shining*!

— On dirait que Jack Torrance a frappé à sa manière. Ou alors à celle d'Ulrich dans *L'Auberge de Maupassant.*

— J'ai eu une brève liaison avec un jeune homme du village, un garde forestier, puis mon mari est venu quelques jours : le bûcheron n'a pas supporté. Il disait que j'étais sa fée des glaciers et qu'il devait me mettre à l'abri. Il est passé aux actes... Mon mari est un tireur presque professionnel. Il a un port d'arme et un Glock 17 avec un chargeur de 31 cartouches. Il voulait juste lui faire peur : il lui a éclaté un genou et la police est venue. Fin de l'histoire.

— Je vous dérange ? Vous n'êtes pas seule ?

— Du tout. Mon mari est reparti. A ce stade, je n'ai besoin de personne. Je travaille ma voix au piano. Comme une chanteuse de variété.

— Je peux entrer ?

— Pardon, j'étais encore immergée dans mes partitions... Je vais nous faire du thé. J'ai du Matcha Kafun de la famille Morito, vous allez voir, c'est un thé vert japonais bio absolument unique.

— J'ai adoré le thé pendant des années, jusqu'à ce que mon frère décide de s'en servir sur scène, en position du lotus, durant ses concerts de piano jazz...

— Le mien est une bombe d'oligo-éléments, de vitamines et de sels minéraux...

— Chouette !

Au salon, sur le crépi blanc, la police a dessiné cinq ronds rouges autour des impacts de balles. La télé avec un écran plasma a explosé. Le reste est digne de n'importe quelle location en station de ski. Du mobilier montagnard qui s'achète en bas, dans les supermarchés de plaine. À l'arrière il y a une petite véranda vide où trône, seul, un Stuart & Sons de concert à 108 touches.

La conversation file au rythme de la trotteuse. On y parle de maîtres anciens, puis naturellement de la passion de Reger devant *L'Homme à la Barbe blanche* du Tintoret, et de l'effrayant surgissement de l'obscurité dans la vie d'une diva. Les mots de Sophie Fuchsberger sont ceux de Thomas Bernhard quand il évoque le temps qui passe, la peur de la solitude et l'intensité qu'il faut mettre dans son quotidien pour se faire comprendre et respecter. Elle murmure donc des phrases courtes pour valoriser son propos. Il est question de rôles qu'on refuse, de l'enfant auquel on renonce, des corps dont on a peur, des rugissements du public qui vous lave de toutes les peines, de la gloire et de la vérité artistique, le plus souvent dans des opéras où les interprètes ne savent pas chanter. La Fuchsberger raconte ses olympiades : trois ans à préparer la Scala. Une épreuve physique, psychique et quasiment religieuse. Parce que là-bas, c'est le temple des créations, des premières, Rossini, Bellini, Verdi, Puccini, et plus tard Poulenc, Stockhausen ou Kurtág. Et le défilé unique de fantômes graves : Toscanini, Serafin, Giulini, von Karajan ou Abbado. La scène où la Callas a atteint une perfection jamais égalée.

L'entrevue entre les deux femmes est sportive : endurance, diététique, contrôle de la respiration, mémorisation et répétition des gestes à l'infini, tout y passe. Sophie est touchante avec ses hésitations, sa passion à fleur de peau et ses charges de travail herculéennes. Le thé est divin. Le soleil se cache derrière les sommets. Elles décident de se revoir le lendemain.

Elle porte du Chanel. Un blouson à carreaux rouge et noir, une blouse à imprimés cachemire à peine rosés, une robe de tweed dans les tons et des bas assortis à fleurs semi-opaques de Falke — Isabelle a flashé tout de suite. Lady Canela s'était installée comme la veille sur le faux tigre devant la cheminée.

— Tenez, voilà deux invitations pour la première de ma *Norma*. J'ai tellement peur que je remplirais la salle avec des amis...

— Je vous ai entendue dans Wagner, Puccini et dans le *Winterreise* de Schubert où vous étiez bouleversante. Impossible de chanter mieux la solitude, le voyage, l'hiver et la mort.

— Merci. Je m'accroche aux deux ou trois prestations qui m'ont consacrée. Mais je sais que je peux tout perdre à Milan. Venez m'y rejoindre quarante-huit heures avant la représentation, on ira essayer des fringues, voire l'*Ultima Cena*, le *Ritrato di musico*, et si on a le temps, pour rester dans l'absolu et l'énergie créatrice, la *Pietà Rondanini*. Je l'adore : c'est la dernière sculpture de Michel-Ange. Il y travaillait encore à l'instant de sa mort. L'allégorie parfaite de la douleur, et sans cette souffrance, tout est imaginaire, me semble-t-il, même atteindre le contre-ut de l'aria *Casta Diva.*

— Vous voulez me le chanter?

— Je suis loin d'être prête. J'ai même fumé une cigarette aujourd'hui... On va d'abord se faire une salade rucola et Parmigiano avec un verre d'Ornellaia. Mon manager ne jure que par les toscans. Il m'en a fait livrer une caisse pour mes six semaines de retraite.

— Et je pourrai vous voir travailler ensuite?

— Ça ne me fera pas de mal de refaire une séance. J'ai toujours l'impression que les critiques vont me laminer. Grâce à vous, j'espère au moins qu'*Opéra Magazine* sera de mon côté!

— J'ai vu la capture de *Don Carlos* pour documenter notre entretien: vous étiez une Elisabeth de Valois géniale, plus proche de Schiller que de Verdi!

— Et ça ne vous a pas gênée?

— Du tout! Je suis très *Sturm und Drang*; le sentiment me parle davantage que l'abstraction ou l'irrationnel. Je relis souvent Rousseau et Shakespeare.

— C'est une jolie définition, ma chère Isabelle. On sent tout de suite que vous êtes à la fois complexe et sans complexe.

— C'est gentil, mais je suis loin d'être tout cela à la fois. Simplement, insiste-t-elle bras et index tendus, je ne veux pas finir desséchée comme les autres, là, dehors!

Comme la cantatrice, Isabelle se dit que ce monde

la hérisse ; qu'elle pourrait le faire sauter. Elle a l'âme d'une terroriste et ses tripes parlent pour elle : elle éprouve autant de sympathie pour une prostituée défoncée que pour un bel esprit sage, démocrate et soporifique. Le chien blanc jappe à la mort. Isabelle caresse les oreilles de l'animal dont la truffe pointe le ciel. Là-haut entre deux nuages perdus, le vol d'un rapace immobile. Un gypaète de près de trois mètres d'envergure.

— Il doit aimer la marmotte et les toutous à leurs mémères pour voler si bas.

Sophie Fuchsberger ouvre sa boîte à thé ornée de carpes koï, vivantes dans leur encre de Chine sous la laque rouge sang. La cantatrice a toujours rêvé d'avoir un chien blanc. Parce qu'elle ressent ce même besoin de chaleur animale, ce manque ravageur qui lui a déjà fait si mal. Comme elle n'a pas encore eu le temps de s'attacher à Canela, Isabelle lui offre donc ce galgo immaculé — à l'exception de la pointe cannelle des oreilles. Le soir venu, elle annule aussi deux reportages à Paris pour s'installer avec Sophie dans le petit raccard de bois noir, et l'accompagner à Milan pour assister à la mise en place de *Norma*.

Elle est là sur scène, aussi belle que *Norma*, avec la combativité d'une grande prêtresse gauloise dès la première note. Et la salle se fige. Et Isabelle retient son souffle. C'est un déferlement de passion détruite qui détruit à son tour. Le public est saisi par l'hypertragédie de Bellini, l'impossible échappée des héros. Sophie est tellement intense dans la douleur qu'elle exprime au nom des femmes du XIXe écrasées par la tradition et l'enfermement moral, qu'elle en devient une égérie féministe absolument moderne, décidée d'aller au bout d'elle-même et pourquoi pas jusqu'à l'épuisement ultime. Mais avant cela, sa voix psalmodie puis explose au faîte de sa tessiture : l'interprète sombre dans la folie et son visage, même aux balcons du sixième, se déforme comme sur les toiles de Bosch, Brueghel, Goya, Géricault, Van Gogh ou Schiele. On ne voit qu'elle et pourtant elle a déserté le décor nocturne de voiles transparents pour guerroyer au cœur de son cœur. Sophie Fuchsberger est d'une foudroyante lucidité. Le *Teatro* lui réserve un triomphe aussi amoureux que bruyant. La presse saluera avec des épithètes rares.

Elle n'a jamais senti cela auparavant. Cette secousse qui emporte chaque recoin de soi-même dans un monde où, dédoublé, on se voit d'en haut, parfaitement abandonné, extatique, la peau tendue comme un tambour chamanique, heureux et apeuré dans le même souffle, à la fois dans l'instant d'avant et dans celui d'après. Le sexe peut tuer, mais là, soudain, il rend immortelle, les cadrans n'ont plus d'aiguilles, danse la lumière du grand orgasme et passent les heures. Demain tout sera fini. Et « la fin est femme » dixit Paul Valéry.

Une tasse de café à la main, Isabelle danse sur les tapis persans du Park Hyatt. Le galgo dort en boule sur la valise de Sophie. La vie est étrange. Elle prendra son Regiojet pour Zurich dans trois heures. Elle a marché dans les pas de la cantatrice, dans ses bras aussi. Alors elle sourit. On peut demander, obtenir, mais aussi rugir, déchirer, peut-être même occire. Jusqu'aux intouchables, ceux qui hantent et paralysent sa vie depuis trente-cinq ans, qui sont déjà morts plusieurs fois, bien trop tôt pour que justice soit faite. Mais à présent, *e la nave va*, elle ne s'en souciera plus.

Drei Klavierstücke D 946

Je suis un nègre nègre. Un de ceux dont vous n'aimez pas les questionnements, mais dont vous siphonnez les talents. Je suis Senghor, Fanon, Maran, Césaire. Je m'incline devant Toni Morrison, James Baldwin, et évidemment devant Cheikh Anta Diop qui a professé l'antériorité des civilisations nègres. Je suis un arrière-arrière-petit-fils d'esclave comme Richard Wright qui est aussi puissant que Steinberg, Dostoïevski ou Dickens. Je suis un nègre nègre. Je réécris celles et ceux qui n'ont pas l'âme assez littéraire. Je suis leur cerveau, leur voix, leur bras, leur main, leur plume. Mon savoir-faire se monnaie très cher. Mon silence aussi. J'ai ainsi valorisé un auteur qui pèse un million de romans par année. Ils ne me méprisent jamais et vont jusqu'à se raconter que mes interventions sur leurs textes sont légères et ne changent rien à la qualité de leur travail. Pauvres écrivaillons qui ne comprenez qu'une centaine de mots ! Je suis votre squelette ! Comment voulez-vous tenir debout, droits et fiers, sans mon art ?

Il est 7 heures du matin. J'ai lu deux tours de pendule, comme d'habitude, et je prends mon café dans le petit salon vert en écoutant Schubert pour nettoyer mon âme et retrouver la joie que m'ôte hélas cette rentrée littéraire négligeable. Plus de sept cents navets à brûler dans le four à pain du jardin. C'est pour cette raison que j'écoute Maria João Pires. *Drei Klavierstücke* D 946 avec les mains d'une femme intelligente qui sait caresser l'ivoire. Côté plaisir secret, ça vaut bien les trois cents grammes d'herbe trimestriels que Steve, le palefrenier aux longs cheveux blonds de mon voisin le vicomte, me livre le temps d'une cérémonie du thé dans la rotonde. Car je suis un nègre nègre qui vit dans un château, ou plutôt dans une bâtisse aux quatre vents qu'une vieille comtesse met à ma disposition depuis qu'elle est hantée par les fantômes de ses ancêtres esclavagistes.

Je suis en ce moment contractuellement lié avec trois ou quatre grandes maisons du VIe arrondissement. J'aménage une saga bolchevique du sieur Pavel Anton Vachevski, un Russe plus germanopratin que soviétique, locataire du Lutetia et dépositaire d'une jolie fortune hors sol. Son tapuscrit, d'une plume faussement scandinave et à dire vrai indigeste, traite de viols en série dont sont victimes des femmes Asperger. Et puis, je brosse et fais reluire Ethan Madison, que son directeur de collection entend bien vendre comme un nouveau Paul Auster. La beauté et le style en moins. Le pauvre garçon n'a jamais quitté la côte Est et ça se sent dans son phrasé et ses références dignes d'un catalogue de ventes par correspondance. Mais sa gueule très travaillée de chasseur-cueilleur en fait quand même un auteur *bankable* pour un pays où tous les auteurs apprennent l'écriture à l'université. Son roman se veut à la pointe de la science-fiction. Il y a saupoudré un peu de Philip K. Dick pour donner corps aux membres de son gouvernement et de sa machine bureaucratique. Et un zeste d'Orwell pour accréditer ses inévitables dissidents. Avec lui, sans surprise, des formes de vie évoluées sont à portée de vaisseau spatial. Son héros, à qui j'ai dû greffer une véritable psychologie, est un nettoyeur de l'espace, une sorte de mercenaire chargé de pulvériser toutes les saloperies que l'homme a abandonnées sur diverses orbites aujourd'hui oubliées.

J'ai aussi, ce matin-là, écouté les trois *Klavierstücke* dans les versions d'Alfred Brendel et de Grigory Sokolov. Trop mécaniques, trop rapides, trop fortes, trop éloignées de mon idéal, féminin, adamantin, serein. J'ai décidé de me plonger dans les premiers feuillets qu'un agent littéraire m'a adressés de la part d'une très grande cantatrice, Sophie Fuchsberger, une Franco-Autrichienne qui brûle de s'essayer à l'écriture, elle qui brille depuis longtemps sur les scènes du monde entier. À moi de mettre en scène les meurtres qu'elle imagine dans le milieu très fermé de l'opéra. Par chance, j'aime Covent garden où elle fait évoluer ses héros. La dame doit venir quatre jours à Paris pour ficeler le projet. Il me reste deux nuits afin de me préparer et de cerner, peut-être, cette femme qui allie beauté et talent, simplicité et allant, le tout à son corps défendant.

J'ai su très vite que je donnerai plus de moi-même à ce projet qu'à tous les autres. La Fuchsberger — les médias rivalisent d'adjectifs grandiloquents mais tout à fait mérités — est fascinante, délicieuse, pétrie d'une culture profonde, splendide et pour tout dire glorieuse. À la une de *Match*, elle porte une robe fourreau, blanche, échancrée du bas au sommet véritable de la jambe. On entrevoit la ligne supérieure de ses bas jarretières. Mélie, ma secrétaire multilingue, mon agenda ambulant, mon esclave chérie, m'a chuchoté : « C'est du Valentino ! »

Je me suis lancé dans ce projet avec une certitude : contrairement au reste de ma clientèle, généralement quelconque, un tel talent vocal et musical lui ouvre les portes du paradis artistique. Elle peut espérer un bon livre. À ce niveau-là, le créateur a toujours les moyens d'élargir son champ d'action.

La dame avait non seulement des idées, mais la faculté de ne pas se reposer dessus. Le soir même, elle s'invitait et dînait chez moi sans tenir compte de mon confort. Ce qui ne l'empêcha pas de débarquer le lendemain au siège de sa maison d'éditions, rue des Saints-Pères, avec une bonne cinquantaine de suggestions supplémentaires. Ensuite, elle est partie pour New York où l'attendait un grand rôle reprogrammé à l'improviste, et j'ai accepté, séduit, flatté et stupéfait, de garder son chien jusqu'à son retour. J'attends toujours, et le galgo blanc dort désormais avec moi dans mes draps de soie de chez Fortnum & Mason. Un lévrier blanc et un artiste noir, un couple qu'on aurait aimé peindre au XIXᵉ.

La diva avait une vie dantesque et gravi toutes les faces nord de l'art lyrique. Les médias la trouvaient si belle qu'elle illustrait au moins un papier sur deux quand il leur arrivait encore de parler musique classique. *Voici* l'avait affublée, photos à l'appui, d'une aventure brûlante avec une journaliste lors de son dernier triomphe à la Scala. Son mari s'était borné à dire qu'elle faisait ce qu'elle voulait, et lui aussi. Le bouquin s'annonçait donc rythmé, coloré et littéraire. Un vrai coup d'édition, comme je n'en avais plus espéré depuis des lustres.

Canela — le galgo Fuchsberger s'appelait Canela — avait choisi pour sa sieste la bibliothèque de l'aile Est et une bergère noir et bordeaux Louis XV, du vrai Louis XV qui m'avait coûté un bras et une section du deuxième. C'est une pièce où je venais rarement. Il y avait une paroi entière pour mes livres de chevet. Vous savez, ceux qui nous suivent dans tous nos déménagements. J'ai caressé le chien, pris un vieil exemplaire de *L'Homme sans qualités* de Musil, cuir chagrin liégé main, noir et or. Puis *Logique d'un monde en désintégration* d'un Hermann Broch en couverture avec pipe et machine à écrire. Et enfin *Les Androïdes rêvent-ils de Moutons électriques*? Un Philip K. Dick trop méconnu. La créature en couverture valait bien des tableaux futuristes. J'ai mis un terme à l'errance de mes souvenirs en feuilletant *Les Pianos mécaniques*, sublime Henri-François Rey, avec sa cover sobre et son voilier en trois taches de bleu, de rouge et de vert.

J'ai jeté un œil distrait sur l'objet le plus précieux du château, une première édition de 1781, *Justine ou les Malheurs de la Vertu*, publié en Hollande chez Les Libraires Associés. Sade, je lui parlerai de Sade, à la cantatrice de rêve. Juste pour le plaisir de troubler une artiste que j'imaginais, peut-être à tort, embarrassée par les choses crues du sexe. Moi, rien ne m'ébranlait. J'étais ce qu'on appelle un abstinent. Mes seules pulsions sont littéraires et cérébrales. Je suis un nègre nègre. Un senghorien. Un « brûlé », un Noir associé à un espace géographique qui n'est pas le vôtre. À une culture que beaucoup méprisent. Qu'importe : j'ai un don d'émotion rare, ce qui est constitutif de la négritude pour le « Président ». Mon art est mystique et parfois surréaliste. Il est engagé, existentiel, unitaire, fonctionnel au point d'être indétectable sous la signature de tous ces pseudo-écrivains qui me confient leur avenir. Moi, je suis Jésus-Christ Mboup Ndoye. Un nègre nègre ; je n'ai pas d'avenir mais un destin.

J'étais un peu en avance. Le rendez-vous avait lieu dans un jardin suspendu au cœur de Paris. Un splendide *rooftop* avec une vue panoramique à 360 degrés : la tour Eiffel, l'Arc de Triomphe, le Sacré-Cœur. Un belvédère qui n'était pas sans me rappeler celui du Barceló de Barcelone. Ici, la végétation luxuriante et parfumée nous mettait à l'abri de l'agitation parisienne. Bertrand de Grenelle, le producteur de la Fuchsberger, avait choisi l'endroit. Je savais qu'il me détestait parce que j'avais les moyens de faire éclater un scandale à n'importe quel moment, simplement en révélant mon existence. Toute la profession commentait mes œuvres sans savoir qu'elles me revenaient. Il ne tenait qu'à moi de faire connaître les petits arrangements financiers et littéraires de notre cher milieu. Et puis, étant issu d'une famille communiste et donc habitué des pavés dans la mare ou dans les carreaux d'usines, leur peur, après tout, pouvait être légitime.

J'aime les hôtels parisiens parce qu'ils ont tous quelque chose de littéraire. Souvent, j'en choisis un selon mon humeur et la nature de mon mandat, et je descends pour y travailler. J'ai une tendresse pour L'Hôtel, 13, rue des Beaux-Arts. Il fut le premier boutique-hôtel et la dernière demeure d'Oscar Wilde après son départ définitif d'Angleterre. Il y descend sous un nom d'emprunt, Sebastian Melmoth. Ravagé par l'alcool et la solitude, personne ne vient le visiter. Sauf Proust. Il ne lui reste plus que la folie des corps. « Comme il est horrible d'acheter l'amour », écrit-il. Borges et Cioran y vécurent également.

Parmi mes établissements chéris, Le Vieux Paris, quatre étoiles au 9, rue Gît-le-Cœur. Autrefois, il s'appelait le Beat Hôtel et abritait Ginsberg, Orlovsky, Burroughs, Gysin, Norse, Corso, Sommerville. Quand je réécris certains textes pompeux et denses, je pense à eux et je pratique le cut-up dont ils furent les premiers adeptes : je découpe des fragments, intéressants, et je remonte, je reconstruis un autre texte grâce à ces phrases sauvées du naufrage.

Ils viennent à mon esprit par dizaines, l'Hôtel de Castille où Cocteau survécut à 60 pipes d'opium et où Giraudoux fut retrouvé mort, terrassé par une pancréatite. Le Crillon où le héros d'Hemingway et du *Soleil se lève aussi* attend l'héroïne. Le Grand Hôtel qui vit Marinetti écrire son *Manifeste du Futurisme.* La Louisiane offrit un refuge joyeux à Sartre et Beauvoir, chacun dans une chambre exiguë à chaque extrémité du même couloir. Je vous en donne un dernier que j'adore, l'Hôtel du Quai Voltaire où Baudelaire pouvait voir de sa chambre le fleuve et le Carrousel du Louvre, et où Pierre Louÿs et Louise de Heredia savourèrent leur nuit de noces. Un jour sans doute, je déroberai le temps nécessaire à polir ce diamant : mon carnet de notes sur les hôtels de Paris.

J'ai pris 100 grammes de caviar Osciètre gros grain et un tartare d'algues bio au pesto rouge. Avec ça, une bouteille de champagne rosé *Billecart-Salmon Cuvée Elisabeth Salmon 2016.* J'espère avoir fini ma collation avant l'arrivée de mon commanditaire. La seule chose qui nous réunissait, c'était sans doute une forme d'égoïsme raffiné. Je l'ai vu sortir de l'ascenseur à temps et j'ai aussitôt vidé la coupe de caviar dans mon assiette.

Il a commandé du tarama à la truffe et des rillettes de homard, accepté une coupe de mon *Billecart-Salmon* à condition que je l'accompagne ensuite avec un *Château Malherbe 2019*, prince des Côtes de Provence. On était agréablement ivres à 15 heures Je voulais un Negroni, lui un Singapore Sling, alors nous avons gagné le rez-de-chaussée et les fauteuils rouges du Bar, sur la moquette rouge et sous les luminaires rouges. Il avait du rouge aux yeux, aux pommettes, au bout des doigts. Je suis parti avant qu'on devienne copains. « Une amitié née des affaires vaut mieux qu'une affaire née de l'amitié », avait diagnostiqué jadis Rockefeller, David de son prénom.

Je ne voulais faire aucun cadeau à de Grenelle, juste l'obliger à me laisser seul décisionnaire pour le livre et à doubler mes émoluments habituels. Il y avait quelque chose de jubilatoire dans le pouvoir qu'un nègre nègre allait exercer sur cette blanche si belle et si parfaite. La voix des anges. Je lui dirais sans doute mon amour absolu de l'opéra, de ses interprétations, mais je n'exclus pas de lui parler aussi politique. D'évoquer, parce qu'elles sont constitutives de mon talent, de ma haine du capitalisme colonialiste et de mon amour des choses hors de prix, un défaut qui puise ses racines dans l'envie et une enfance qu'on pourrait qualifier de déshéritée ou même de désespérée.

Cet été-là, j'écrivais les pieds dans une bassine de fer-blanc. L'eau glacée ne pouvait certes rien contre mes pieds qui doublaient de volume, mais elle gardait mes chevilles et mes mollets assez mobiles pour me lever et remplir le seau à glaçons toutes les heures afin de célébrer *La Simone*, ce rosé parfait, haut en couleur, dû au génie de la famille Rougier. Vinosité parfaite, assemblage de grenache, mourvèdre, cinsault, castet, syrah. Pressurage direct avec une partie en saignée. Vinifié en petits foudres révélant un équilibre sphérique et une grande vitalité du fruit sur une finale sapide. Et de fait, c'était divin avec — je sais, on me fusillera — une poignée de cubes de glace hors et dans le verre à pied.

J'ai jeté nonchalamment des morceaux de Parme sur une des routes d'accès à la fourmilière de l'ancien poulailler. Des milliers de soldats forcément communistes ont sonné la charge. Il leur a fallu à peine vingt minutes pour nettoyer la terrasse. J'ai eu envie de promener cette étrange et douce Canela, pour voir si, moi aussi, dans le vent du soir, j'avais encore cette force de nettoyer ma vie d'un seul claquement de doigts. J'étais invisible et beau comme un dieu grec qui aurait eu la peau noire.

J'ai eu la gueule de bois métaphysique à l'heure de prendre le dernier train pour Rennes où je devais parler le lendemain de Sartre et Beauvoir, les diaboliques, à qui j'avais consacré le seul livre paru avec signature. Le galgo blanc s'était glissé sous le siège d'en face. Les amants cruels me renvoyaient à mes propres turpitudes. Amours nécessaires, amours secondaires. Relation libre. On est bien loin des *Liaisons dangereuses* et de leur charme vénéneux. Comme Sartre, j'étais jadis, quand je consommais encore, plutôt un masturbateur de femmes qu'un coïteur. Et les fantasmes, trios ou jeunesse encore inexpérimentée, quand ce n'était pas vierge, j'avais déjà connu et détesté. Tout a changé depuis. On ne parle plus de ces sujets, même avec son propre éditeur. Comme le monde, j'étais, moi aussi, fatigué de la haine, aurait dit Gandhi. Elle ne créait rien, ou alors seulement de la crainte et quelques raisons de vivre modestes et raisonnables pour le peuple des zappeurs et des réseaux sociaux.

Le club très sélect qui organisait ma venue au Balthazar avait mis les petits plats dans les grands. Un banquet littéraire précédait ma contribution, reflétant la grandeur quasi maçonnique de l'assemblée. Le chef breton Jourdren y servait un étonnant Œuf parfait de la Ferme du Bon Abri, petits pois et lait au Parme, son Mignon de cochon et lard parfumé, pétale d'oignon farcie, Artichauts Camus breton et poivrade, et *in fine*, sa Terre de cacao et crémeux persil, sorbet chocolat amer et grué de cacao.

La compagnie était agréable. J'ai eu pour voisin de table Jean-Pascal L'Héritier, redoutable producteur et président des théâtres privés de France. Il était avec son mari et associé, et, je vous le donne en mille, ils sont tombés amoureux du chien, de son calme et de sa douceur. Elle a fait un très beau numéro en s'installant sur le siège capitonné d'un fauteuil vert et

L'Héritier a décrété qu'elle était d'une intelligence supérieure quand elle lui a tendu sa patte. J'ai joué ma partition en ayant l'air triste, ce qui a excité leur convoitise. Et j'ai fait semblant de m'effondrer tout en acquiesçant lorsqu'ils m'ont demandé avec insistance si elle était à vendre. Canela resterait donc avec eux et partirait dans quarante-huit heures pour un mois de vacances studieuses — trente-cinq pièces à lire avant la rentrée — dans leur maison pour magazines d'architecture sur les contreforts désertiques qui dominent Alicante.

Nous avons fini la soirée au cigare sur le toit de l'hôtel. Une petite dizaine d'invités sans visage ni idées. J'étais un nègre nègre qui finit sa nuit sous la rosée, rafraîchi et en tête à tête avec une bouteille de bas-armagnac 1988, étendu dans deux fauteuils confortables pour l'occasion. Pourquoi aimerais-je les Sartre, ces Parigots, alors que je me sens si bien en province ?

Sergio Leone

L'ondulation infinie de la mer. Portées aux mille notes et soupirs tracés par un vent inconnu. J'ai marché droit devant moi. Je ne nage pas. J'ai pied. Je sais qu'il y a des cassures. Que la houle va déferler en vagues aux doigts agiles qui violent et déracinent. J'urine de toutes les forces de ma vessie. Je sens cette chaleur qui tarde à se mélanger malgré la toute-puissance de la Méditerranée. Hurler les bras en croix comme un *Christ* d'Arnulf Rainer. Attiser ma colère parce qu'ici je suis à l'abri des flammes. Sans la rage, on est foutu. Elle repose du cynisme et de l'amertume.

À 20 mètres sur ma droite, une femme seins nus plonge et pleure, plonge et pleure encore, et rit aussi aux éclats. L'eau salée, l'eau profonde calment les poisons. L'envie, le désir, le courroux, la violence, le talent, la réussite, la décadence, la noirceur.

Qu'est-ce que vous avez tous à me regarder, ruisselant et habité ! Vous ne m'aimez pas : moi je vous déteste ! Vous êtes le *bacon* des plages, le déo bon marché des filles de l'aurore, l'huile de friture qui dessèche tout ce qu'il y a de beau et de raffiné à ma table ! Vous sentez la mort et même les embruns de ce matin n'y changent rien. J'ai déterré la clé de la Mercedes, mes deux billets de vingt, et tourné le dos à San Juan pour grimper à tombeau ouvert vers mon décor de western. À chacun son paradis. Le mien, l'été, dort et dore à Busot, *Provincia de Alicante.*

Mon fauteuil ergonomique à roulettes, mon ordinateur portable à sono Bang & Olufsen, un seau à glace avec mes deux dernières bouteilles de L'Infernal, cuvée RIU 2014. Un blanc très sec, un composé grenache blanc et macabeu, issu de vieilles vignes de plus de 50 ans. Minéralité décoiffante avec une belle expression florale et des notes briochées savoureuses.

J'aime cette terrasse. On peut noyer son regard et ses larmes au loin dans des décors aussi définitifs que ceux d'*Il était une fois la révolution* où même les maisons sans couleur sont picaresques. Désiré — mon mari s'appelle Désiré Charles Albert — rapproche, lui, notre cher village plutôt d'*Il était une fois L'Amérique* à cause de ses taches de modernité : grues qui dansent dans le lointain, nuées poussiéreuses des camions surgissant des carrières, éclairs de panneaux solaires perdus, vrombissement des motos où se serrent les couples qui s'échappent vers la ville et la mer.

Les pseudo-cultivés du VIIe arrondissement nous avaient baptisés Leone et Morricone. « *Ignorantus, ignorata, ignorantum.* Il faut boire votre vin pur, et, pour épaissir votre sang, qui est trop subtil, il faut manger de bon gros bœuf, de bon gros porc, de bon fromage de Hollande ; du gruau et du riz, et des marrons et des oublies, pour coller et conglutiner. »

Chère Toinette de Molière, toi tu sais bien que c'est un honneur de voir sa production théâtrale assimilée à Sergio le grizzly romain. Il n'a jamais fait du « popu » comme ils disent. C'était du grand, du très grand cinéma qu'il a appris, excusez du peu, avec Robert Wise, Fred Zinnemann et William Wyler. Leone a même failli produire Angelopoulos et Jodorowsky. Et mettre en scène *Cent ans de solitude* ou *Voyage au bout de la nuit.* Un mec qui connaît par cœur tout Kurosawa *(Pour une poignée de dollars* est un remake du maître de Tokyo), García Márquez et Céline, on peut le brandir en étendard, non ?

Désiré bronzait nu sur le rebord de la piscine. Je le trouve beau comme Morricone à 40 ans, avec son front large et ses lunettes chiraquiennes. Ma colère s'est calmée. Je me suis levé pour aller caresser sa poitrine, j'ai fait glisser le caleçon de bain militaire de chez Speedoo que notre secrétaire m'a offert à Noël, et j'ai plongé jusqu'au fond, là où plus rien n'a d'importance, où tout est beau, je veux dire d'une splendeur irréelle. Comme dans un quatuor de Schubert.

Désiré est un peu nerveux ce matin. Nous attendons mon ami du temps de la maternelle dans mon village paysan de 1 500 âmes : Pierre-François Tournier, le moine sauvage de l'écriture, l'auteur impossible à interviewer et plus encore à extraire de ses montagnes. Je crois que c'est le vif contraste entre mer et décors de western qui l'a persuadé de venir parler théâtre avec moi sur nos coteaux à oliviers. Il faut dire que Tournier m'a eu à l'usure et que je suis sur le point de monter deux de ses pièces. Je l'avais programmé en tête de rentrée, fin septembre, avec son *SOS journalistes !*, une critique au cutter de notre monde de l'information et de son éthique sociale. Et puis en clôture, fin mai, nous avons décidé de produire son *Don Maifisto*, un trésor enfoui, qui voit, pour la première fois dans l'histoire de la littérature, une vraie confrontation entre Faust et Don Juan. Il y avait certes eu auparavant Christian Grabbe, en 1828, qui décrivit la rencontre des deux mythes au sommet du Mont-Blanc. Las, l'homme à qui l'on doit la réinvention du drame allemand au XIXe en a fait une bouffonnerie — géniale évidemment comme le souligne André Breton, mais limitée à une cabriole burlesque.

Il est arrivé tout de blanc vêtu, du panama aux chaussures milanaises, que du sur-mesure ! Sa chemise immaculée était ouverte par le bas, histoire d'éviter toute déchirure due à son formidable appendice ventral. Il a posé sur la table en verre une bouteille de *Larceny 92 Proof 46 %*, un bourbon du Kentucky élaboré par la distillerie Heaven Hill. Peut-être bien le meilleur des États-Unis. Larceny rend hommage à John E. Fitzgerald, agent du trésor public qui, au début des années 1880, traquait les arnaques et contrôlait la plupart des chais du Kentucky. Ses talents de dégustateur étaient tels, que les fûts qui attiraient son attention étaient estampillés « Fitzgerald » et que leur part des anges y était colossale.

— On l'ouvre ?

C'était lui tout craché. Il offrait toujours aux autres des cadeaux dont il pouvait profiter. Ça tombe bien : ce sont les plus extraordinaires. J'ai donc obtempéré.

— Nom de Dieu ! fis-je. Je me vois dans le Midwest au milieu des champs de maïs et en train de griller une côte de bœuf de la taille de ma cuisse.

— C'est vrai, mon ami. Il y a effectivement des notes maïs, mais aussi du boisé, mi-fumé, mi-grillé. Et beaucoup d'épices en prime...

— Je lui trouve de l'abricot, intervint Désiré.

Et de fait, ce si bon Larcin dégageait cette touche abricot alcoolisée qu'on ne retrouve guère qu'à Vienne dans les Marillenschnaps vieillis de Hongrie, ou dans les productions semi-clandestines de la Wachau, plus haut, en amont de Krems. Le galgo renifle l'entrejambe de Tournier qui, en retour, lui gratte la tête avec douceur.

— Tu nous as trouvé un metteur en scène de bonne tenue ?

— Je n'ai pas encore la perle rare... Pour ton *Maifisto*, il faut quelqu'un de solitaire et de révolté. Un forçat du verbe qui perçoit tout de suite derrière tes mots la puissance de tes quêtes et de tes interrogations. Un semeur qui dérange.

— Du moment que tu m'évites un de ces fichus pédants du théâtre public !

— Il faut qu'on rende évidents les regards et les sensations qui orchestrent les rapports humains dans cette cellule terroriste. On doit percevoir avec la même netteté des éléments dramatiques aussi différents que les enjeux politiques, les danses de séduction, les excroissances théologiques ou la dureté de la nature.

— Que ce soit chez Faust ou chez Don Juan, l'essentiel est dans le refus de la faute. Des interdits de la connaissance pour l'un ; de la mort et de l'impuissance pour l'autre.

— Et dans le rejet de l'homme religieux pour les deux... Et ça, camarade, c'est vendeur parce que très grand public, surtout par les temps qui courent...

Désiré décide qu'il est l'heure de promener le galgo blanc : il a eu sa dose quotidienne de Tournier — qu'il déteste — et Jean-Pascal se débrouillera comme d'habitude dans le rôle du sparring-partner qui doit encaisser les coups tantôt géniaux tantôt vicieux de son ami habitué à boxer dans plusieurs catégories. Canela, elle, chasse les papillons, des azurés, des zygènes, des ballous, des hermites, des *Paysandisia archon* ravageurs de palmiers, et quelques autres, inconnus mais amateurs de prairies desséchées.

Le soleil de Busot est à son zénith et les chemises collent. L'homme et le chien montent de la vallée et s'embarquent dans la ruelle étroite et déserte qui contourne le cœur animé du village. Les façades sont parfaitement alignées. Des deux côtés. Ni commerce ni café. On dirait un décor de cinéma. De duel. Avec un ciel maritime serti d'oiseaux chanteurs pour casser le tableau. *La vida es bella.*

Sur le versant descendant de la rue, on aperçoit les ruines du château, éponyme du village. Ils s'installent sur la terrasse de La Casa. Une envie pressante de calamars et de grand blanc. La vieille édentée avait encore en cave du sauvignon blanc Rafael Cañizares, une bombe avec des arômes primaires uniques dans l'arrondissement d'Alicante. Il commande une poitrine de poulet grillée et frites version enfant pour Canela — Jean-Pascal avait évidemment oublié la veille d'acheter les boîtes pour chien. La serveuse manque de s'évanouir quand il précise que la commande est pour le galgo et qu'il faut la préparer dans une écuelle ou une cuvette. Il adore faire chevrer l'acariâtre belle-fille des propriétaires qui joue les sommelières hors saison. Canela et Désiré sont les seuls clients. En face, devant le cimetière, un caporal deuxième classe et un élève garde civil s'en grillent une en le dévisageant. Il agite la main à l'attention des deux femmes qui, elles aussi, fument debout dans la véranda intérieure qui précède le restaurant proprement dit. Il ajoute à sa commande de la pieuvre d'Andalousie. Un régal simplissime : on enlève les yeux et le rostre ; on vide la calotte ; on couvre le fond d'un plat de rondelles d'oignons et de gousses d'ail ; une feuille de laurier et un bâton de fenouil coupé en deux ; enfoncez où vous pouvez les pommes de terre coupées en grosses frites ; trois cuillers d'huile d'olive premier choix ; salez, poivrez et n'oubliez pas vos épices secrètes ; arrosez d'eau et de deux décilitres de vin blanc à hauteur du plat ; une heure au four à 200 degrés. C'est le bonheur qui rend aveugle, parole d'Eschyle.

Le galgo retrousse ses babines et attaque son poulet précautionneusement, à petits coups de dent, lapant la sauce *gypsy* qu'on sert ici avec toute la carte ou presque, pour peu qu'on le demande. D'ailleurs, Désiré n'a jamais compris la passion de son mari pour cet additif étrange et joyeusement gitan, épaissi par une réduction à outrance : jambon haché, langue (beurk !), champignons, truffes, sauce tomate, estragon, madère, vin blanc, poivre de Cayenne, jus de citron, zeste d'orange.

Les calamars, eux, sont croquants, le mélange œufs-farine léger comme de l'écume de mer. Pour la pieuvre, il a réclamé un couteau à viande très aiguisé et il l'émince façon carpaccio. Le Casa Cesilia Crianza 2012 est aussi âpre et structuré qu'Alicante la belle. Sur le chemin du retour, pause cigarette au Molina qui sent bon la soupe de petits poissons. Il a presque oublié Tournier.

Trois jours que Tournier et L'Héritier travaillent sur le *Don Maifisto*. L'ermite au verbe assassin décide finalement qu'il est grand temps d'aller se perdre dans l'été d'Alicante. Jean-Pascal le dépose donc avec le chien au bout de la Playa del Postiguet. Il s'assied en tailleur sur le muret qui sépare le parking des sables soyeux. Allume un Lusitanias. Regard parabolique sur les filles de la plage, et toujours cette douleur à petit feu qui ne brûle presque pas. Elles sont si belles avec leurs seins offerts au soleil, mais ce sont les surfeurs, là-bas où la houle casse, qui animent leurs conversations. Elles ne verront jamais le vieux tabagique en costume de lin blanc trop chiffonné.

— Viens, Canela !

Pierre-François Tournier remonte la Rambla en direction de la Cathédrale Saint-Nicolas. Le galgo trottine avec l'air de ceux qui connaissent la route. Petite pause Starbucks pour un *latte macchiato* au milieu des étudiantes. Plaisir salaud de sentir bruisser cette jeunesse insouciante et belle, ô si belle.

Peter Altenberg, l'auteur fou, le plus grand utilisateur des tirets dans l'histoire de la littérature, le dit mieux que lui : « Il était assis dans un parc. Autour de lui, sur les chemins, dans les allées, des organismes lourdauds - - - des hommes ! / Une robe de batiste blanche s'approche en volant - -. Cheveux blond cendré, longs, libres, soyeux. Des jambes élancées et délicates dans des bas noirs. / Elle a 13 ans. On voit au-dessus du genou le petit pantalon blanc. Elle vole au-dessus de l'allée (...) Elle tourne et vole devant lui. « Ah, tu es belle - - - ! murmure-t-il. Tu es un être humain, ressent-il. Tu bouges. »

Pourquoi dit-on du poète chroniqueur de la Vienne 1900 qu'il aimait trop les très jeunes filles ? Il avait l'esprit pur et la beauté grecque en porte-plume. Il était un doux mélange d'asexualité et d'érotomanie intériorisée. Pourquoi pendrait-on l'amoureux d'une chevelure éclatée ou d'une odeur indicible? Richard Engländer a choisi son nom parce que l'amour nubile de ses jeunes années se prénommait Peter et qu'elle habitait le gros bourg d'Altenberg. Un amour intense qu'il a toujours esquissé en surimpression de ses observations relatives aux belles Viennoises du Ring, des parcs et des cafés. Il ne rêvait que de se perdre, de s'éteindre ou de s'évanouir.

Tournier s'égare. Emboîte le pas d'une liane rousse dotée d'un formidable nez busqué. Laquelle disparaît bientôt dans l'antre sombre d'un café prometteur: *artespiritu*, repaire de culture contemporaine aux bières disparates, mais avec une bonne vingtaine de crus estampillés Alicante. Avant d'attaquer les ruelles qui ronronnent sur les flancs du redoutable Castillo Santa Barbara, ce sera tapas et une bouteille de Fondillón de Aida i Luis, dix ans de barriques et autant de souvenirs.

Plaza del Carmen deux gamins jouent nus sur le pavé. Un garçon bronzé et une fillette blanc malade aux yeux noisette. Canela les renifle puis se couche sous un banc, ou était-ce plutôt au pied d'un feuillu gras. Il y a des bars dans toutes les ruelles adjacentes. Un quartier où l'on peut aussi écrire entre une boulangerie à l'ancienne qu'annonce une fresque en céramiques digne de la Sainte-Cène, et des brasseries fraîches tout en enfilades.

Les façades des maisons sont vives et s'imposent en bleu, jaune, ocre. Pas de graffitis, mais des dizaines de poèmes à même la chaux, en grandes lettres enfantines, en polices de caractères oubliées, en écritures torturées. De la vraie poésie sans cesse renouvelée et rehaussée par des personnages de BD qui racontent la culture originale de cette région où règnent les gens de passage.

Le rouge par 37 degrés est une erreur de débutant, mais Tournier adore expier ses péchés. Ses gribouillis de bars lui ont déjà valu plusieurs prix. Il achète une viennoiserie vanille pour le galgo et s'installe en plein soleil à la seule table de la terrasse du Rincon Bohemio, un café borgne doté d'une fresque où le Che et Lénine défient Picasso et Guernica, Vinci et Van Gogh, au son de Black Sabbath et Judas Priest. Joli contraste avec la procession, sous ses yeux, de dames en costumes du XVIIe, tabliers bleus, roses, crèmes, noirs, mantilles légères et virginales. Quatre hommes aux pantalons et aux boléros moulants d'un brun sévère les accompagnent dans la montée vers l'Ermitage Saint-Roc, chapeaux de corrida vissés sur la gomina, étendards chrétiens tintant au vent de mer.

J'aime Flaubert et Baudelaire, mais pas les interdits de Napoléon III s'agissant de *Madame Bovary* et des *Fleurs du Mal.* Pourtant l'intérêt esthétique de Pierre-François pour les jeunes filles (je sais bien qu'il ne passera jamais à l'acte), et surtout sa façon d'en parler sans retenue, me glacent le sang. Je n'ai jamais eu ce penchant pour les garçons imberbes, au contraire de Désiré, mais pour lui, c'est de l'histoire ancienne.

Je grille de la bonite et de la thonine. Mes sauces, citron, ail et vin blanc, sont prêtes depuis ce matin. J'ai mis du chablis au frais, quatre flacons de Raveneau Les Clos 2011, 98 + Parker. Ce matin, « PF » m'a demandé si j'étais d'accord de lui donner le chien. Il a eu un coup de foudre inexpliqué pour cet animal tout en pattes. Désiré est contre, mais je vais dire oui. Il sera mieux à la montagne avec ce grand marcheur. Et voilà, ma salade de concombre feta citron rejoint sur la table le pain grillé aux graines. Inspirer. Expirer. On va encore parler théâtre et moi je serai heureux.

— Si on veut simplement plaire, on est très vite oublié.

Du pur Tournier. Ses phrases lapidaires feraient chaque jour le bonheur de Twitter. Pierre-François beurre son toast et lorgne le miel Bonamel de fleurs d'oranger bio récolté près de chez nous à 800 mètres d'altitude.

— Tiens, c'est mieux que Guitry, qui disait : « Plaire à tout le monde, c'est plaire à n'importe qui. »

— On a ça en commun, mon cher. Le saltimbanque et l'écrivain n'existent que pour le plaisir de séduire. Et les deux tremblent devant l'oubli. Or, on n'expie rien à être oublié : on souffre, on s'éparpille, on disparaît, on n'est même plus présent à soi-même finalement.

Je me sentais souvent ainsi. Trois grands théâtres qui faisaient le plein, des dizaines et des dizaines de productions et autant d'actrices, d'acteurs, d'auteurs et de critiques qui me ciraient les pompes. Et pourtant j'avais une peur bleue qu'on m'oublie. Tournier avait raison. Sa sortie sonnait presque comme un aveu. Au fond, il était à notre image : un gendelettre toujours en quête de reconnaissance, d'amour peut-être aussi. Il me détestera si je dis ça à haute voix !

— L'oubli est une science, l'ami. Comme une gueule de crocodile, il nous entraîne au fond, là où règnent la vase et l'obscurité. Il détruit nos abris les plus secrets. Compresse nos sentiments et nos amours pour en faire des sculptures sans âme. Des presse-papiers ou des bulles de plastique avec de la neige à l'intérieur.

— J'espère que certaines de mes productions laisseront une trace...

— Qui sait ? Tu as réalisé de grandes choses, et même certains spectacles que j'ai en mémoire, c'est dire.

Pierre-François emplit son verre après chaque tirade de son ami et caresse délicatement le galgo blanc. Il se dit que Picabia était encore plus désespéré, qui lâcha jadis : « La vie n'a qu'une forme, l'oubli. » On va sans doute beaucoup boire aujourd'hui. Les caresses de son homme lui manquent. Heureusement, Tournier prépare son sac pour l'aéroport. Canela a d'ailleurs reniflé sa caisse et s'est réfugiée au salon, lovée dans le plus grand des fauteuils en velours.

Le GPS de la Kia électrique nous emmène sur les rives infranchissables d'un fleuve à sec où quelques producteurs avisés ont planté de la marijuana. L'avion décollera dans deux heures et Pierre-François refuse obstinément d'emprunter l'autoroute. Cette expédition sur les sentiers de terre battue et de gravier le ravit. Il me dit qu'on écrit ou qu'on monte sur scène comme des lanceurs d'alerte et qu'il nous faut donc emprunter les chemins de traverse. Il est convaincu qu'en travaillant sur nous-mêmes, il sera possible de stopper la bête immonde qu'il croit de retour. « Jamais nous n'avons été si proches du nazisme », assène-t-il. « L'absence de penseurs ou d'auteurs majeurs en atteste. Des gens comme toi et moi doivent payer de leur vie les errances des autres intellectuels. »

Les romans de Tournier racontent tous l'attente de la vérité, cette ascension qui suit chaque déclin des civilisations. Et lui voit l'attente presque comme une élévation, voire une prière. Je l'envie d'être aussi solide dans ses convictions philosophiques et spirituelles. Canela mâchouille une peau de bœuf avec les poils. Sa façon à elle de gravir les pentes qu'on l'a obligée à descendre. Je suis perdu, mais cela n'a rien de nouveau. « Relis Simone Weil », chuchote mon ami. « Elle a réconcilié la vérité et le bien. Elle a tué Nietzsche et le nihilisme, et fait de Platon un saint tout ce qu'il y a de plus chrétien. »

Quand j'ai vu l'avion orange de Tournier prendre son envol, j'ai pensé aux paraboles de ses livres. Celle de ce matin-là, c'était l'arrachement du monde des ombres pour monter vers les oiseaux de mer et la lumière. J'avais bien raison d'inscrire ses deux pièces au programme de notre saison. Il me tarde d'entraîner Désiré dans notre chambre à coucher. Je crois bien, Dieu et les tragédiens grecs me pardonnent, que son cul est la seule chose que je préfère au théâtre.

La Judith de Klimt

« Au-delà de deux siècles et demi d'histoire, le Belvédère supérieur retentit des fêtes baroques imaginées par son créateur, l'architecte Hildebrandt. Il abrite aujourd'hui une collection mythique d'art autrichien. Les sols de marbre rouge, veiné de beige, attirent les pas de François Clément vers la grande salle de l'aile ouest. Interdit devant *Bacchus* et *Ariane* de Makart, devant ses *Quatre sens*, il s'assied sur le marbre lustré. Choc languissant du corps des beautés viennoises 1900. Reins paralysés par ces fantômes d'Alma Mahler qui revivent l'espace d'un instant dans son être torturé par la passion des chairs de femmes. Par-delà les toiles gigantesques lui parviennent des éclats d'Histoire. L'abbé a froid dans le dos, il demande au gardien où est la buvette. Besoin d'un café fort, de chaleur corsée. Respiration au point zéro, infini oppresseur, François Clément n'est plus que douleur pure, métallique. Il tremble.

L'escalier rococo qui mène au deuxième étage paraît interminable, ses marches inclinées lui conservent le charme discret d'un ancien parcours initiatique. Schiele, Kokoschka, Klimt, une surdose de femmes l'emporte aux confins d'une folie picturale. Avec Klimt, il a envie d'embrasser celle qu'à l'autre bout de la salle Schiele abandonne à l'indécence des passants d'un jour. Sa propre femme. Une danseuse rouquine qui halète après les sueurs de l'exercice. L'abbé s'effondre sur un banc trop dur, quelque part à Prague, dans ce port de la Moldau que Kokoschka hante de ses pinceaux. Il se concentre sur le rêve éveillé des légendes d'un temps où la déchirure de l'hymen valait toutes les symphonies d'un Ludwig Van Beethoven.

Au détour d'un paravent, l'abbé François Clément heurte *Judith*, sans penser alors qu'elle va lui redonner la force de chercher, d'écrire, de louer le Seigneur, de vivre enfin. *Judith*, c'est l'or de Gustav Klimt, épars, jaune et massif. Des couches denses, de l'acier clinquant. Entre les linteaux de bois peint du cadre, François Clément devine plus qu'il ne découvre des sensations qui plongent leurs racines à la source même de son adolescence. D'abord, il ne voit qu'une masse brune, dressée et provocatrice, la chevelure relevée de la Belle de Vienne. Une espèce de chignon en demi-cercle, quelque chose qui ressemble à un coucher de soleil sur des paysages de feu, des décors d'enfer. Une toison velue, voluptueuse, typiquement femme. Il est rivé à cette crinière symbolique. Mais déjà, les sourcils et le front de la carnassière *Judith* l'aspirent vers le bas du tableau. Il résiste. Lutte inégale, il suit la courbe du nez, se risque à fixer le regard de cette féline dont il ne comprend toujours pas l'expression, parasitée par des joues, larges et creusées de plaisirs. La paupière droite est fermée, lourde de désir, de jouissance mal maîtrisée, bouffie de haine, presque satanique. De l'autre côté de l'arête tranchante du nez, l'œil gauche de *Judith*, comme illuminé, vif et précis, trahi par le pinceau de Klimt. Clément se délecte de cette intelligence câline, de cette provocation séculaire des belles Autrichiennes d'antan. Il tressaille, harponné par les filets de peinture rouge et bleue, frôle la pommette, stoppé une seconde par le lobe tendre de l'oreille. Les trous noirs des narines frémissent, mystérieux. Volupté. Juste en-dessous, l'encoche de la lèvre supérieure se relève, luisante, rouge, patinée, elle dévoile des dents à peine espacées. François Clément croit entrevoir la langue sous la pointe d'une incisive, une langue qui fait corps avec la pulpe offerte de la lèvre inférieure. Son pouls s'accélère, il transpire, chavire, manque de s'écrouler. Le menton est dessiné d'après un modèle couché. Aucune ombre pour reprendre son souffle, il cherche un appui. À mi-tableau, une barre dorée éclabousse un regard qu'il sait désormais vitreux. C'est un collier étroit, une sorte de psellion forgé pour les chevilles d'un esclave nègre, un fer incrusté de pierreries sans aucune géométrie. L'abbé se sent perdu, fasciné par une étoile opaque à six branches qui flotte quelque trop petits centimètres au-dessus de l'épaule. Il veut s'arracher à l'attraction de *Judith*, mais le satin de la belle flamboie. Il aurait caressé le grain délicat si le gardien de la salle n'avait toussoté ; il faillit l'étrangler. À la toile s'amalgame dans son esprit surchauffé, les contours d'une tache de naissance et le sein droit d'Eva, son Eva. Il se débat dans un tango désespéré. Les serpents d'or qui ornent le flanc droit de *Judith* calment un instant sa respiration. Les reptiles se font face, assoupis aux creux du maigre voile mauve qui coule sur la jeune femme. Tunique de vagues transparentes et verticales. L'œil de l'abbé François Clément n'en finit plus de dégringoler de façon coupable. Il sait. Et dérobe la clé des sens imaginée par Klimt : l'essentiel ne figure pas sur le tableau. Quelque part, dix centimètres sous le cadre, le sexe de *Judith* rayonne d'un magnétisme animal. Mais l'abbé ne presse pas sa chute, car sous le velum, l'aréole du sein droit s'étale comme une mare de sang coagulé, blessure ouverte et ensorcelante, cernée de plaies rares. L'ombre du chemisier de soie capte son attention, la poire parfaite du sein gauche se gonfle, le mamelon est figé dans une érection sans âme. Gorge sèche. Une main crispée et décharnée effleure ce sein du revers. Le regard du prêtre glisse le long de ce bras qui se consume sous la morsure de flammèches anguleuses. Dans l'orifice mal défini du nombril, François Clément délaisse ses pudeurs, expérimente des effrois, des supplices occultes décrits par quelques signes cabalistiques sculptés à même la ceinture rutilante de *Judith.* À gauche, la griffe d'un Klimt à bout de nerfs, hors de lui. Et puis à droite, un amas de peinture noire et terriblement triste. Il ne saisit pas tout de suite le sens de cette composition, respire, braque son attention sur ce recoin de toile. Il ne peut réprimer un cri. La main de *Judith.* Crispée dans un râle, dans un orgasme sans fin, sur la tête décapitée d'un Christ secoué de sanglots. La chevelure souillée et la barbe lui mangent la bouche, son teint courtise cette fois la mort. Cet Holopherne que l'artiste a voulu représenter ne ressemble à rien de connu. L'abbé arrête l'idée que Dieu est terrassé, que la femme, la Bête qui sommeille en l'homme, triomphent. Des nausées sordides ajoutent à son plaisir l'impression d'avoir été trompé durant de longues années. À pas lents, sans se retourner, il titube vers la sortie. À Oberes Belvedere, il laisse une dépouille recroquevillée, l'exacte réplique de lui-même. L'air de Vienne lui paraît soudain acceptable, amical même. François Clément s'adosse aux marches d'un escalier, entre un sphinx et un cheval de pierre. La tête enfouie dans ses mains, il prie. »

Le vieil homme pose les pages dactylographiées et raturées. Il rajuste son panama et rallume son brûle-gueule. Le disciple a progressé. Il maîtrise un peu mieux son style, ses rythmes, son ressenti. Il est prêt pour le concours de nouvelles dont il rêve depuis des mois. L'écrivain n'a pour une fois pas grand-chose à lui dire. Il se lève, ouvre le placard de la grande armoire moyenâgeuse et en sort la bouteille d'alcool de myrte, un dérivatif corse imaginé par la Casa Angeli, 40o pour planer comme le couple d'aigles royaux qui tourne au-dessus du toit de bardeaux depuis quelques semaines. Après la tempête, il a cloué sur les voliges, plein Est, chacune des planchettes envolées. Le prochain jour sans alcool, équilibre oblige, il en fera de même avec les tuiles du Levant.

Ce matin, il s'est réveillé et il était là au creux des reins, le mal de vivre ? Il n'a pu annuler la visite du disciple, ignorant son numéro de téléphone. Depuis deux ans, le jeune apprenti vient tous les trois mois. Il fait deux cents kilomètres pour l'écouter parler et parfois lui faire lire un texte ou deux. Lui aussi a eu un maître, Georges, avec ses quadruples foyers, ses cigares du pauvre qui sentaient la taverne et sa passion des vieux rouges qui tachent. Fallait voir sa tronche : il était bouleversant d'humanité dans ses vieux paletots élimés jusqu'à la trame. Même à 40 ans, il avait déjà perdu toute trace du bel âge. Mais il lui parlait avec émotion de la lumière du ciel, du désert, de la solitude, de la personnalité des mots et, surtout — chez lui ça dépassait toute chose — du Christ notre Seigneur Jésus.

J'ai cueilli tous les fruits insaisissables qu'il m'indiquait au gré de nos parloirs. J'essaie à présent de conduire mon jeune ami sur les mêmes chemins où le sacré le dispute à la beauté païenne. Un disciple me suffit. Celui-là me renvoie mes défauts à la perfection. Il sait prendre quand je n'ai pas envie de donner. Même si j'ai du mal à l'admettre, sa nouvelle baroque, c'est moi à 25 ans, quand je n'avais pas encore appris à composer, que j'avais la certitude de tout savoir et la tête gonflée à l'hélium.

Le maître se lève et prépare d'autorité deux cafés, pas n'importe lesquels : du Blue Mountain, la montagne des brumes, 2 134 mètres, point le plus haut de la Jamaïque. Un café élevé sous ombrage, cueilli à la main, grain par grain, à la tasse comme on dit là-bas. Torréfié à cœur, mais pas trop, conditionné en barriques de 70 kg. Equilibré et rond en bouche, sans amertume, presque crémeux, avec des arômes de beurre et de pois.

— Qu'y a-t-il de plus important que l'écriture ?

— La lecture, mon cher. Parce qu'elle nous y prépare et qu'elle bâtit la totalité de notre culture solide. Le reste, c'est *peanuts* ! Tu sais, la lecture est une incroyable petite musique qui ne fait pas seulement résonner des mots, un style, les idées d'un auteur, voire les idées tout court. Elle instille aussi dans ton cerveau un parfum indescriptible et insaisissable, quelque chose que j'ai mis très longtemps à appeler par son nom, le bonheur.

— La lecture m'ennuie souvent. Soit je referme le livre au bout de dix pages par manque d'intérêt, soit j'ai envie de jeter mes plumes parce que l'auteur est tellement bon qu'il m'humilie et semble me dire : « Tu n'es pas des nôtres ! »

— Eh bien tu as compris tout ce qu'il y a à savoir de la lecture et de l'écriture. Dans l'absolu, on doit se confronter jusqu'au suicide au talent des meilleurs écrivains. Pourquoi vivre si n'existe pas en nous la tentation d'accéder à leur niveau ? Pourquoi manger, boire ou travailler quand on pressent la qualité d'un livre dont on vient de commencer la lecture ? Comment accepter d'écrire sans atteindre la perfection ? J'ai envie de tuer les mauvais auteurs. Moi-même je ne me pardonne rien : il n'est pas rare que j'éprouve une pulsion suicidaire en relisant mes propres textes... Oublie tout ça et tu auras peut-être une chance de devenir écrivain ! Le monde n'est pas suffisant pour nous et ne doit jamais le devenir.

Le disciple repose sa tasse en faisant beaucoup plus de bruit qu'il ne le voudrait. Il a lu le maître du maître et il reconnaît dans la figure du moine et de l'ascète les traits les plus importants d'un écrivain. Même s'il ne le comprend pas encore, il sait qu'un livre est à la fois un mystère et un gouffre qui sépare les humains qui pensent de ceux qui aiment. Mais que faire pour ne pas trahir sa plume au contact de la vie ? Il lui pose la question. Transpire par peur du ridicule. La réponse claque, définitive comme la note finale d'un monte-à-regret.

— Réfléchis à quelles conditions tu peux dire : « Je suis écrivain » ! Pense survie matérielle, engagement mental et physique dans la systématique de l'écriture ! Que fais-tu pour être publié ? Es-tu prêt à payer le prix d'une indispensable solitude ? Enfin, cherche ta cohérence, même s'il te faut pour cela oublier tout ce que j'ai tenté de t'enseigner! Tu dois devenir l'incarnation de la langue. Le reste de ta viande n'a aucune valeur...

Le chien buvait à la fontaine, devant le chalet.

— Tu reprends un café?

— Volontiers, pour la route...

— Non, mon cher! Ne sois pas terre à terre. Ecris ce café dans ta tête en passant en revue tout ce que je t'ai dit tantôt un peu trop fort, et réussis trois ou quatre lignes sur ce café! Cela étant, tu peux toujours prier pour recevoir la grâce de la phrase juste.

Le temps d'enfiler ses chaussures de grimpeur et il part en direction des neiges éternelles avec son galgo blanc. Six heures de marche pour boire le vin des glaciers dans une cabane à 3 000 mètres d'altitude. Le chien malgré son poil court le précède toujours sur des sentiers à peine tracés. Le soleil d'été brûle et l'animal mange de la neige sur les dernières plaques qui s'obstinent au-dessus des alpages. L'écrivain maintient un tempo soutenu, rythmé par le bruit métallique sur les pierres de son maquilla à tête d'argent et armoiries de lion. À 14 heures, il s'installe sur la terrasse et commande sa bouteille ainsi qu'une ardoise des salaisons de la vallée. Décidément assoiffé, le galgo boit deux écuelles d'eau glacée et disparaît derrière le refuge.

À 15 heures, il se lève de table et appelle le chien à plusieurs reprises. Rien. Il demande l'aide du gardien et ils décrivent des cercles concentriques autour de la cabane. Rien. Il redescend de 500 m. Rien. Il grimpe à 3 500. Rien. Il laisse ses coordonnées au guide qui s'occupe de tout sur cet éperon improbable et se résout à rebrousser chemin en hurlant « Canela ! » tous les cinquante mètres. Au chalet, il passe le reste de la journée, jusqu'à minuit, sur sa terrasse, sifflant et appelant la chienne à chaque verre de bourbon vidé. Il se sent coupé en deux, avec l'autre moitié, celle qui dansait dans le regard du galgo, perdue là-bas, quelque part dans la nuit. Il ne perçoit plus le sol sous ses pieds, ni ses poumons qui gonflent à intervalles réguliers. Plus rien ne lui semble extraordinaire comme certains matins. Il n'est que solitude. Et lui à qui cela n'est jamais arrivé chasse une larme, une mouche et un mauvais souvenir.

Vêtue de noir comme une pleureuse sicilienne, la femme déguste son thé de manière très compassée. Dans son casque, elle écoute *Don Giovanni* dont Wagner répétait qu'il était l'opéra des opéras. Elle déteste Wagner et adule Mozart, surtout le Requiem et les *seria*, les éléments tragiques de Don Juan. Elle ne boit que du Darjeeling, du champagne et du lait d'amande. Elle a peu d'amis mais se fait prendre chaque jeudi après-midi par celui qui fut son directeur de thèse. Elle marche souvent seule le long du lac, en forêt ou en montagne. Hier, à la lisière d'un alpage, au bord d'une source cristalline, elle a enlevé ses chaussures pros de trekking pour soigner des cloques. Et soudain, en face d'elle, il y a eu ce galgo d'une rare perfection, avec un regard si doux. Il s'est assis et l'a laissé faire. Puis il l'a suivie jusqu'en bas, à l'entrée du val supérieur. Là, il a attendu le bus avec elle, puis l'a suivie dans l'engin. Le chauffeur lui a demandé si c'était son chien. Dominique Arlaud a dit oui. Il l'a dévisagée sans un sourire et réclamé 12 euros pour l'animal. Plus tard, en plaine, dans le TGV Chamonix - Mont-Blanc - Paris, le contrôleur la taxera quatre fois plus.

Chez elle, à quelques minutes de la tour Eiffel et du tombeau de Napoléon, le galgo blanc à la pointe des oreilles cannelle trouve tout de suite ses marques, repérant les odeurs de la cuisine et sautant sans hésiter sur le fauteuil en cuir noir, une édition LC2 1928 de Le Corbusier. Plus de 5000 euros à l'état neuf, mais quand on est historienne de l'art et chargée de cours à l'université, on ne compte pas. Ou pas vraiment. Plus tard, après avoir dérobé, déchiqueté et dévoré le reste du paquet de Wasa, le chien s'est étiré et étendu — une invasion de pattes ! — sur le tapis *Wave* de Verner Panton, version grise commercialisée dès 74 par l'éditeur danois Verpan. La superposition des deux éléments dans ce salon aux moulures haut perchées était aussi psychédélique que l'élève d'Arne Jacobsen lui-même.

Le chien apporte sans conteste un peu de beauté dans les recoins mornes de son âme et de son appartement de la rue Saint-Dominique et de style Art nouveau décoré à la façon d'une boîte de Joseph Cornell. Habiter une rue à son nom, étrange, non ? Elle cherche à comprendre les coïncidences de l'existence. Elle l'a toujours fait à vrai dire. Elle vieillit, elle consulte, elle vit chaque jour davantage entre sa baignoire et son lit. Elle ne s'intéresse plus qu'à ce qui est sophistiqué. Mais ce lévrier espagnol change la donne. « Le beau c'est l'imprévu », a écrit Thomas Bernhard dans son roman *Perturbation.* Elle se ressert du thé avec l'impression d'avoir gagné un sursis. Mais est-ce que la vie est intéressante quand on n'aime que son passé ? Est-ce que l'avenir — qui, lui, entraîne des conséquences inconnues — renferme quelque consolation ? Le monde irréel lui laisse-t-il assez de place pour être elle-même ?

Elle a plus d'un point commun avec l'animal blanc qui attend patiemment derrière la porte une promenade qu'elle effectuera sans plaisir, comme une poupée mécanique. À la cuisine, sur son tableau magnétique, elle note à gauche « Donner vie à ce qui n'existe pas », et à droite : « Faire périr tout ce qui est moi ».

Suicide Blonde

J'écoute un peu n'importe quoi sur YouTube. À un moment donné, je dois rallumer mon mégot et l'ordinateur s'enflamme sur les notes de *Suicide blonde* des Australiens d'INXS. Et les titres s'enchaînent sans que l'algorithme ne ménage ma santé mentale. *Angel* de Massive Attack avec la voix éthérée d'Elizabeth Fraser, *This is Hardcore* de Pulp, investi par le duo minimaliste Jarvis Cocker et Candida Doyle, et, *last but not least*, *Glory Box* de Portishead avec la voix cigarette de Beth Gibbons que je rêverais d'épouser. Autant de clips et de musiques qui proposent une solitude raffinée et les clés d'un suicide édulcoré. Évidemment — je savais où ça me conduirait — la succession de ces titres planants et des bouteilles qui les accompagnent souvent allaient me ramener à Dominique.

On s'est rencontrés à Paris, au lycée. Elle venait de Genève et accompagnait son père nommé à l'Unesco. Ce fut un coup de foudre électrique ou drôle selon nos pulsions de l'instant, et cela le resterait quatre décennies durant. Elle adorait la chair et sentait le pétale de rose. C'eût été parfait sans cette passion un rien surannée qu'elle entretenait avec le cinéma d'auteur. Je devais ainsi subir souvent une kyrielle de films indigestes et incroyablement longs. Je me souviens encore du *Château de l'Araignée* de Kurosawa, de *Breaking the Waves* de Lars von Trier, et puis, *Boulevard du Crépuscule* de Billy Wilder, *La Nuit du Chasseur* de Charles Laughton ou *Kiss me deadly* de Robert Aldrich, d'après le roman de Mickey Spillane.

Avec elle, j'ai découvert que le point G se multipliait à l'infini, et beaucoup de fort belles choses sur l'histoire du cinéma. Comme elle lisait Dostoïevski, Balzac, Flaubert et à peu près tous les poètes majeurs, avec un faible toutefois pour Apollinaire, Baudelaire et Nerval, je m'en veux de ne pas avoir senti là les prémices d'un grand amour. J'ignore toujours pourquoi, j'ai préféré cultiver avec Dominique une amitié très spéciale. Je sais aujourd'hui que cela a ruiné nos deux vies : je suis devenu un écrivain mélancolique, dépressif, oscillant entre passé et présent, et elle, l'éternelle rebelle, a sauté du huitième étage de son immeuble signé Georges-Etienne Haussmann. Aucun de ces fanés qui m'entourent et résistent à la vie, personne en fait n'a entendu ses cris et ses colères. Ce soir, je la revois un livre à la main sur son banc préféré des jardins du Luxembourg. L'odeur de son corps me manque, elle m'a laissé seul et je lui en veux.

C'est dur de raconter la présence, l'importance de la présence de Dominique dans ma vie. Elle m'a fait découvrir un Gyokuro cueilli au printemps — le meilleur thé du monde peut-être — qui est devenu un rituel après mon repas principal, avec un Alonso Menendez Robusto, un brésilien charpenté aux touches sucrées et épicées à la fois. Elle m'a initié, outre au cinéma, aux grands requiems méconnus, à commencer par le chef-d'œuvre de Duruflé, *La Messe des Morts Opus 9*. Et je me rappelle, comme si c'était hier, une semaine avant de sauter, elle fêtait à peine ses 50 ans, elle m'a offert un livre tout fripé et annoté de sa main sèche et nerveuse: *Le Maître et Marguerite* de Bulgakov. Une histoire d'amour déchirante, totale, absolue — un destin conforme au nôtre, nous qui n'avions jamais parlé d'amour. En guise de dédicace, elle a griffonné cette envolée de Bulgakov: « Il faut reconnaître que, parmi les intellectuels, on rencontre parfois, à titre exceptionnel, des gens intelligents. »

De l'adolescence à ses 20 ans, elle a été danseuse et son corps est resté parfait malgré les tempêtes de sa vie. Exclusive au point d'être Claire d'Assise quand elle suit Saint-François, Dominique Arlaud n'avait pas besoin du monde, je veux parler de celui qui est extérieur à ses fascinations. Elle n'a pourtant jamais su finir son livre sur les 20 tableaux méconnus qui auraient dû déclasser *La Joconde* et dominer le monde. Je me souviens d'une carte postale qu'elle m'a envoyée de Barcelone. Elle passait deux mois par an en Espagne et en Italie sur la trace de piétas oubliées. La carte représentait *La Piéta du chanoine Lluís Desplà*, un Bermejo où trônait pour une fois le véritable cadavre du Christ et non un corps transfiguré, et où Marie n'avait rien d'une héroïne de l'aristocratie, mais pleurait les larmes déchirantes d'une mère du peuple à qui l'on venait d'arracher la chair de sa chair. Je me souviens enfin de ce ciel gris tornade qui pourchassait non seulement les villages au second plan, mais encore les oiseaux prisonniers des quatre coins du tableau.

Je crois que la quête de Dominique dépassait de loin l'histoire de l'art : elle voulait dégager de sa gangue la vérité d'un monde qu'elle avait déjà condamné. « Je suis un fantôme qui erre dans son hurlement intérieur, m'a-t-elle écrit de la terrasse de son salon de thé préféré, Le Jardin de Mademoiselle, sur les Invalides. Comme dans *Le Cri* de Munch, cet écartèlement qui ne prend fin qu'avec des doses de neuroleptiques inhumaines. »

Au fil des ans, sans jamais avoir vécu en couple, passé une nuit ensemble ou s'être fait de grandes déclarations, on a fait l'amour toujours et partout comme le chantent les vieux curés dans les liturgies d'autrefois. Dans l'ascenseur d'un hôtel romain minable après avoir découvert *L'Extase de Sainte-Thérèse d'Avila* du Bernin, à Santa Maria della Vittoria. Les plis et les surplis de la carmélite étaient aussi défaits qu'un lit après nos ébats, la lance du chérubin pointait sa chatte comme le symbole d'une verge divine. On l'a fait aussi dans des trains, des automobiles petites et inconfortables, sur des arbres, dans la pénombre des églises, couchés sur l'herbe de vignobles « bio » de son papa, adossés à des fourmilières ou à des matelas douteux, dans des caves, des salles de musées, des dizaines de toilettes de cafés, des cinémas, des rivières, des cabines d'essayage, des douches rouillées, ou enfin des baignoires à la Mogarytch, l'homme qui, chez Boulgakov, a trahi le maître et pris possession de son sous-sol, bref, là où l'envie nous prenait, désécurisante et impérieuse.

Elle était fière de n'avoir jamais succombé à la pression sociale qui, disait-elle, oblige chaque femme à affronter la question de la maternité. Elle n'en avait pas moins été internée à dix reprises et connaissait l'effet massue des camisoles chimiques. Entre deux séjours en clinique, elle s'était amourachée d'un réfugié érythréen aux yeux bleus qu'elle trouvait beau comme un dieu. Elle ne mangeait plus que des crudités durant les mois précédant son grand saut. J'ai bien peur que, souvent, elle pensait à moi.

Comme le poète de Bulgakov, je dépense mes nuits en pure perte depuis que j'ai pris l'habitude d'écrire sur elle. J'en ai besoin, et mes chats me soutiennent en marge de leur quotidien de chasseurs. Au final, il ne me reste qu'une poignée de signes dans la mémoire d'un ordinateur. Je suis souvent pétrifié — à l'instar de Marguerite : le diable avait pris coutume de s'asseoir sur le bord de son lit ou du mien, et depuis, nos draps avaient le poids d'un linceul de pierre.

J'écris un volume par an. Dominique, elle, en a mis trente pour arrêter de jeter au feu ses écrits. Trois décennies pour devenir moins maladroite que le Maître et s'incarner en Marguerite Nikolaïevna, l'héroïne du Boulgakov, afin de s'amuser du chaos nietzschéen qu'elle semait sur son passage, surtout chez les hommes. J'avais presque ses faveurs exclusives et, à vrai dire, peu de concurrents potentiels. Elle m'a même suivi jusqu'au fond de la Pologne où Solidarność éviscérait enfin, à force de défilés populaires et de pancartes, le Parti communiste et son général à lunettes noires, grotesque pantin qui ne faisait rire personne, même à Moscou. Il y avait tellement de vodka partout, et à plus forte raison chez les étudiants en cinéma qui nous accueillaient, que le temps s'est volatilisé. Quatre jours au moins me font défaut. J'ai un prénom qui me trotte dans la tête : Edonya. Je crois que c'était une blonde aux cheveux raides avec des seins comme des mangues et un nombril qui attirait mes yeux avec l'intensité du champ gravitationnel d'un trou noir. J'ai pleuré des litres d'ADN sur la tombe du Père Jerzy Popieluszko, l'aumônier du syndicat de Walesa, torturé à mort par les bâtards de la police politique, et après avoir choisi une prostituée de l'hôtel qui avait une belle crinière retenue dans un bandeau de collégienne, je me suis explosé au Starka, le whisky polonais au seigle, vieilli en fût de chêne. Dominique m'a retrouvé semi-comateux à trois jours du retour. Elle m'a ressuscité, malgré mes délires autodestructeurs, et je l'ai suivie, reconnaissance oblige, dans tous les musées de Varsovie. Comme une mère à son petit enfant, elle m'a ainsi raconté patiemment la Faras Gallery : l'art chrétien nubien aux racines du Nil, des tempéras sauvées par un obscur professeur polonais à quelques semaines de la mise en eaux du lac Nasser.

Dominique est la reine de mon passé déchiqueté. En Grèce, jadis, un jour de Pâques, j'ai allumé un cigare au centre du théâtre d'Epidaure pour lui faire entendre le craquement de l'allumette 60 m plus haut, au 34e et dernier rang. Puis Dominique a descendu les marches avec sa robe de dentelles ajourées. Le silence s'est installé, total et doux. Je me suis assis au premier rang — je le faisais toujours, au concert comme au théâtre. Sa voix, étrangement forte, a déclamé Apollinaire : « J'ai eu le courage de regarder en arrière / Les cadavres de mes jours / Marquent ma route et je les pleure / Les uns pourrissent dans les églises italiennes / Ou bien dans de petits bois de citronniers / Qui fleurissent et fructifient / En même temps et en toute saison / D'autres jours ont pleuré avant de mourir dans des tavernes / Où d'ardents bouquets roulaient / Aux yeux d'une mulâtresse qui inventait la poésie / Et les roses de l'électricité s'ouvrent encore / Dans le jardin de ma mémoire. »

Impossible de partager Dominique avec vous de façon construite et continue. Notre couple, qui n'en fut jamais un, était lavé, usé, décousu, perdu avant qu'il ne puisse être reconnu. Nous nous devions donc de le jeter aux oubliettes afin de rassurer nos entourages respectifs. Toutefois, sans jamais en parler, nous l'avons conservé exceptionnellement vivant.

Elle a versé, jeune femme. toutes les larmes de son corps frêle devant la *Piétà* de Michel-Ange à la basilique Saint-Pierre, devant celle du Greco, échappée du musée personnel de Niarchos, ou celle de Van Dyck, synthèse du ciel, de la terre et du travail des hommes. Elle a pleuré en offrant des fleurs au vieux maître allemand Wilhelm Kempff, au terme d'un marathon, l'intégrale des sonates de Beethoven et de Schubert lors d'un festival alpin aussi prestigieux qu'interminable.

Schubert, *Piano Sonata No. 20 in A Major, D. 959.* « Il n'y aura jamais rien de mieux », m'a soufflé Domi alors que je tentais de l'étouffer de mes baisers dans les toilettes même de la salle de concert. Déjà touché par le parkinson, Kempff — *mein Kempff,* comme l'avaient baptisé ses ennemis à la dénazification — avait encore été au-dessus de la mêlée, prodigieux, incarnation sublime de l'âme allemande! Cette nuit-là, nous avons fait l'amour sans jamais nous arrêter, au sommet des coteaux, dans la vigne la plus ancienne et la plus chérie de son père.

Un jour, elle m'a téléphoné pour me supplier de venir la chercher à l'asile. Une promenade à l'extérieur pour oxygéner son âme. Las, je n'y suis pas allé tout de suite. Alors elle a couché avec un schizophrène africain. J'ai fini par annoncer ma visite dix jours plus tard. Elle m'a rappelé parce qu'elle avait trouvé l'illustration de couverture de mon roman vénitien : *La Vierge de Miséricorde*, un thème récurrent à Venise, un panneau de bois d'Ortolano Ferrarese où la mère du Christ rayonne, entourée de Marc l'évangéliste et de François d'Assise. Je lui ai dit — promis, juré, craché — qu'on irait à la campagne. Elle a cité Matisse : « Il faut que la peinture serve à autre chose que la peinture ». Je lui ai certifié que c'était pareil avec la littérature. Elle m'a répété que le Black était gentil. J'ai répondu que j'étais content pour elle. Son merci, je l'ai deviné parce qu'il a jailli comme si elle était à bout de souffle. J'ai pensé à Godard, à Belmondo et à Jean Seberg.

Sa mère a appelé de Genève où elle avait choisi jadis de rester, laissant le soin à son mari d'élever les sœurs jumelles à Paris. Cet appel, je le sens aujourd'hui encore au fond de mon ventre. Dominique avait sauté du huitième étage — je vous l'ai déjà dit. Tout le monde était content pour elle, parce que c'était son choix, disent-ils dans ces cas-là. J'étais foudroyé. La mise en terre a été organisée en Suisse, au bord du lac Léman. J'ai fait son éloge funèbre. Le pasteur m'a remercié. La famille aussi. J'ai demandé à des proches ce qu'il était advenu du galgo blanc qui ne la quittait plus depuis qu'elle l'avait trouvé, errant dans la montagne. On m'a dit qu'il avait été rapatrié chez sa mère, anti-poils notoire.

Depuis ce matin vif et clair au soleil froid, j'ai souvent relu Musset. Dans mon esprit, Dominique était vêtue de noir, portait mantille et me ressemblait comme un frère. J'ai dû attendre presque une année après sa mort pour sangloter, vraiment je veux dire. Mais si j'ai pu enfin porter son deuil à ce moment sculpté, définitif, elle surgit encore au cœur de mes nuits, auréolée d'une lumière sainte dans un maelström incroyable de rêves érotiques. Névrosée, endiablée, volubile, incandescente, mais toujours inspirée ou sainte.

Et si l'image de Domi me frappe au détour d'une sieste ou d'une nuit sombre, embrouillée dans les représentations de Catherine Benincasa qui parcourt les rues de Sienne en hurlant: « L'amour n'est pas aimé »! Autant de tableaux de Sainte-Catherine de Sienne — puisque c'est d'elle dont il s'agit — que j'aurais aimé qu'elle décode pour moi, comme elle le fit pour chaque toile de chaque musée que nous visitâmes. Ainsi était-elle tantôt Zurbaran, Van Dyck ou Carracci, tantôt Fra Bartolomeo, Beccafumi, Girolamo di Benvenuto. Ou même Baldassarre Franceschini, ou Giovanni di Paolo, ou d'autres encore dont les noms m'échappent.

« Je crois qu'un homme et une femme s'aiment davantage quand ils ne vivent pas ensemble et quand ils ne savent l'un de l'autre qu'une seule chose, qu'ils existent, et quand ils sont reconnaissants l'un envers l'autre parce qu'ils existent et parce qu'ils savent qu'ils existent. Et ça leur suffit pour être heureux. »

C'est signé Milan Kundera, et ça dit tout de cette histoire qui nous a unis, Dominique et moi, durant près de quarante ans. Parfois, les mots d'autrui parlent mieux que nos larmes.

Love Supreme

J'étais tellement perdu, englué dans mon quotidien, qu'il me fallait absolument faire quelque chose. J'ai eu le déclic en regardant distraitement une émission sur le football sur la première chaîne. Il y avait crise majeure à Marseille, une de plus. On changerait sans doute d'entraîneur dans les jours à venir. En moins d'une semaine, j'ai alors remis mon appartement à l'ombre de l'Hôpital Cochin, dit au revoir à ma chère Closerie des Lilas, et déménagé à Marseille, cité qui avait déjà, à de nombreuses reprises, soigné mon âme.

Il faut avoir lu Albert Londres pour saisir la profondeur des racines coloniales de Marseille et comprendre l'intensité des flux migratoires qui la parcourent aujourd'hui encore. Les parfums et les sons du Maroc, de l'Algérie et de la Tunisie sont ici omniprésents, puissants, enivrants. Quelle ville écoute autant battre le pouls du monde et la parole des peuples ? Aucune en 2600 ans d'histoire. Marseille est toujours la belle aventurière des Phocéens. « Le rêve de tout malfaiteur international est de devenir patron de bar à Marseille », écrivit même l'auteur des *Forçats de la Route*. Et c'est vrai que chez nous — Marseille m'a adopté — tout se fait et rien ne se dit.

Si Paris est abstrait, la protégée de la Bonne Mère est concrète, fille chérie de la mer, unie pour toujours à la Méditerranée. Elle se distingue par son faux désordre et la ruse de ses habitants qui s'entendent comme larrons en foire pour piéger les visiteurs étourdis par les hasards de la vie quotidienne. Quand rien ne va, ils jettent une pierre à la surface de leur mémoire, se réfugient dans des cafés encore vivants, ou mieux, dans une buvette des vallons et des calanques.

Après le décès de Domi, j'ai donc décidé que cette ville serait celle de mes dernières saouleries rabelaisiennes. J'aime les ogres et le vertige qui entraîne joyeusement les petits, les pauvres, les sans famille. Les gens comme moi. J'ai choisi ces rues bruyantes et sales, les croqueuses d'hommes qui parlent fort en terrasse, les personnages hors normes qui ressemblent à ce scaphandrier écoutant de la musique gitane du soir au matin, à l'autre extrémité du palier, ou au pompier du cinquième qui habille sa tribu pléthorique avec des T-shirts de l'OM.

Ici, j'en suis certain, on peut renaître et oublier la mort d'un proche. Parce qu'on s'y affranchit de toutes les contraintes sociales. Parce que personne ne s'en soucie tant les conversations sont excessives, boulimiques, que les petites histoires deviennent très vite pour ces méridionaux un bout d'histoire avec un grand « H ». Ici, tout est raconté, même les interdits. Marseille est une ville de l'oral.

C'est aussi une marginale, coupée de son arrière-pays par les montagnes, une rebelle qui ne pense pas avec sa tête mais avec son corps. Le Nord n'existe pas ici : à l'exception des quartiers du même nom. Les vraies portes d'entrée, ce sont plutôt Barcelone, Alger, le canal de Suez. Les rêves qui rôdent encore sous le regard omniscient de la Bonne Mère racontent l'Afrique noire, les Indes, l'Indochine. En ce sens, moi qui, au contraire de Dominique, n'aime pas Paris, trop chère, trop guindée, trop snob (je pense à la chanson de Boris Vian), trop mode, j'ai été comblé par ces cultures millénaires qui accostent encore dans une ville de vingt-six siècles, une cité fabrique tellement multicolore qu'elle n'engendre ni des Européens, ni des Français, juste des Marseillais, modelés, hommes et femmes, dans l'outremer et dans leur pierre calcaire.

Marseille me sauva cette année-là. Je me suis senti renouvelé, neuf, et surtout, animé d'une nouvelle énergie en débarquant dans les cafés du Vieux-Port. J'étais dans la plus belle ville de France, d'Europe, du monde. Je suis chez moi ici, comme les migrants qui débarquent sans un sou sur les quais de leur nouvelle vie. Parce que cette cité de bord de mer est non seulement rétive à tout geste d'autorité, mais elle s'affiche aussi libre, indépendante et accueillante. J'avais enfin un port d'attache et je n'étais pas le premier puisque les explorateurs grecs nés à Massilia sont partis de ces rivages, Pythéas pour naviguer sur les mers du Nord et étudier les phénomènes polaires, Euthymènes pour longer les côtes africaines à la recherche des frontières de Carthage, peut-être même jusqu'au Sénégal.

Marseille a toujours été fière de son passé grec. L'historien Hérodote évoque la colonie déjà au Ve avant Jésus-Christ, son confrère romain Justin, sept siècles plus tard, souligne pour sa part l'importance du commerce naissant en ces murs protégés par le chef de tribu Nannus, qui donna en mariage sa fille Gyptis au Grec Protis, considéré comme le vrai fondateur de la ville.

Je n'ai rien inventé en venant pleurer mon amour disparu sur la Canebière. Tellement d'écrivains y ont trempé leur plume, heureuse ou désespérée, avant moi : Balzac, Flaubert, Maupassant, Chateaubriand, Lamartine, Mérimée, Musset, Stendhal, Nerval, Dumas, Rimbaud, Paul Valéry, Boileau et Narcejac, Cendras, Beauvoir, Dard que j'aime tant, Damasio le fou inspiré, Izzo, le local magnifique, et des dizaines d'autres qui se perdront toujours dans ces ruelles incendiées de soleil.

Dans les quartiers qui tournent le dos au port, j'ai changé au moins cinq fois d'appartement. Noailles,

Thiers, Préfecture, Camas, Conception. Je prenais vraiment feu dans ma solitude. Et, ne le dites à personne, les mystères du feu sont impénétrables. J'écrivais trois heures par jour. C'est la durée maximale que l'on peut consacrer avec intelligence à la pratique de l'art. Ce qui me laissait le temps du pastis, du PMU et de la lecture de *L'Équipe*. Mon cœur était coupé en deux : un hémisphère pour Miles Davis et l'autre, évidemment, pour l'OM. Les jours de victoire des ciel et blanc, j'oubliais même la procession douloureuse — et conduite par Dominique — de mes chers défunts.

À l'évidence, Marseille m'a permis de soigner mon spleen, de jouir de la paresse, des sommeils de mon âme, et de toutes les mélopées douces, aussi satinées que les envolées de Chet Baker, Gillespie, Blue Mitchell, Clark Terry ou Freddie Hubbard. On a droit à toutes les musiques sur le Vieux-Port. Je n'ai jamais regretté Saint-Germain-des-Prés.

Même si j'ai tout arrêté à 25 ans, je me débrouillais au sax et à la trompette : je tentais bon an mal an de copier les grands, et je tâtais du papier à musique pour me risquer à une ou deux compositions. Parce qu'un ami beau comme un dieu et fou de jazz s'est tiré une balle dans la tête avec le pistolet d'ordonnance de son père. Parce que mon alter ego saxophoniste a été retrouvé mort en pleine forêt dans un trou à sangliers, coma éthylique. Parce que la femme de ma vie a sauté du huitième.

J'ai pensé souvent à *Love Supreme*. Un pansement

universel. Un quartet de génie condamné à la séparation et donc forcément phénoménal à l'instant de la rupture. Je voulais du talent, beaucoup de talent, pour mes morts. Et j'ai essayé de mieux jouer, essayé encore. Je voulais maîtriser mes partitions préférées. Et mettre un point final à mes tentatives d'improvisations. Pas comme Mozart, condamné à voir son *Requiem* achevé par ses élèves. Moi, je n'avais pas d'élève. Enfin un seul, avec qui je faisais le bœuf, et mangeais toutes les semaines dans le Vallon des Auffes, du côté d'Andoume, dans le VIIe. Un secret de Marseille, petit port de pêche resté intact, préservant notamment L'Avant Cour, si bien dite cour des miracles avec ses couteaux en persillade, sa soupe de favouilles, ses légumes farcis à la daurade, ses oursins de Méditerranée et son risotto de gambas avec sa mousse rosée de crustacés.

Malgré mon confort marseillais et mes nouvelles habitudes salvatrices qui m'avaient pour ainsi dire retapé, dix ans de dépression récurrente ne s'effacent pas d'un claquement de doigt. J'insiste, Dominique n'a jamais été responsable de mon état psychologique. Ce mal et ses ravages me venaient d'ailleurs, de très loin dans mon histoire familiale. Ça vous prend au cou comme la corde du pendu. J'ai pris mon Casanis ce jour-là comme si c'était le dernier — ce qui m'arrivait souvent. Le Casanis est un pastis de Marseille élaboré à partir de la distillation d'anis vert et de badiane, avec un nez léger et floral, un goût subtil. C'était évidemment à l'OM Café. Puis j'ai enchaîné une suite divine : encornets poêlés, daurade royale, supions, saumon, gambas à la plancha, véritable andouillette grillée 5 AAAAA à la moutarde à l'ancienne, île flottante, et deux AOC Bandol Domaine de Terrebrune, une de blanc et une de rouge. J'ai laissé 100 euros de pourboire et j'ai pris la route des crêtes entre Cassis et La Ciotat. J'ai toujours été fasciné par les falaises de Soubeyran qui surplombent le littoral. Leur point le plus haut, c'est le cap Canaille, 394 m, la falaise la plus vertigineuse d'Europe. J'ai regardé longtemps. En bas. De tous mes yeux et de tout mon corps. Et puis j'ai balancé ma sacoche dans le vide. J'ai vu l'écume dans le grand bleu. J'étais désormais délesté de tout mon matériel d'écrivain. Mes plumes, mes carnets, les deux ou trois livres qui ne me quittent jamais. J'ai eu l'impression d'un suicide réussi, d'une fin d'un genre spécial et joyeux, mais d'une fin importante. « Le suicide est le seul problème philosophique vraiment sérieux », a dit Camus. De fait, il a toujours fait partie de notre culture. Il s'appelle Antigone ou Ajax chez les Grecs. Au Moyen Âge, il se glisse dans l'âme des chevaliers ou des princesses désespérées. Il est aussi Shakespeare, dans *Hamlet* ou *Roméo et Juliette.* Il devient « suicidomanie » romantique avec Goethe et *Les Souffrances du jeune Werther.* Et je ne parle pas de Javert, Bovary et Thérèse Raquin. Ou, au cinéma, Charles Boyer, Ronny Coutteure, Patrick Dewaere, Simon de La Brosse, Juzo Itami ou Robin Williams. Et puis les peintres, Van Gogh, Richard Gerstl, Arschile Gorky, Kirchner, Buffet, Moll, Repine,

Rothko, de Staël. Ou enfin, dans un rock d'enfer, Kurt Cobain. Pourtant, je suis encore un autre. Je m'incarne en Cesare Pavese. « Assez de mots. Un acte! » Ou en Romain Gary, le 2 décembre 1980 avec son revolver Smith & Wesson de calibre 38, qui laisse une lettre mystérieusement datée « Jour J » et dans laquelle est notamment griffonné: « Aucun rapport avec Jean Seberg » — l'actrice s'est elle-même suicidée un an plus tôt.

Je suis enfin, si, si, Zweig qui refuse de survivre à l'agonie du monde et qui s'en échappe à grands coups de véronal malgré les encouragements à vivre de Bernanos. Il laissera un mot pour son chien — comme mon amie Dominique pour son galgo. Lotte, sa compagne, décida, elle aussi, de quitter un monde en guerre rongé par le nazisme. Je suis, qui dit mieux, tous les désespoirs du quotidien, même si j'ai survécu plus longtemps que prévu grâce au soleil de Marseille. Cette fois, je peux profiter de ma liberté. Pas question que j'attende la folie. Après tout, j'incarne également — au-delà des conventions — toutes les errances de Virginia Woolf. J'aime la mer, l'eau, primordiale, câline et définitive. Mon corps y retrouve la matrice du grand tout. Mes enfants, un jour, y disperseront mes cendres.

J'ai vu dans la vitrine d'une galerie, rue Saint-Jacques — et on touche là à l'essentiel — un tableau du peintre majorquin Javier Garlò intitulé *Le Galgo de la Chance*. Une forme sombre, noir éclairci pour être précis, d'une prestance unique sur un fond jaune digne du soleil de 17 heures dans la cité phocéenne. Mu par une espèce d'électricité propre à cette ville, j'ai aussitôt composé le numéro de Madame Arlaud pour savoir ce qu'il était advenu de Lady Canela, le galgo dont la robe est aussi blanche que celles de Domi étaient noires. Elle m'a rassuré : le chien avait été ramené de Paris par son mari à l'occasion des obsèques de leur fille. Il allait bien, mais, prétextant ses allergies, la mère de ma chère complice reconnaissait être sur le point de lui trouver une adoption. J'ai décidé de prendre la route pour gagner Genève en début de soirée. J'avais à y mener une enquête pour le compte d'un grand hebdomadaire, mais franchement, c'était le cadet de mes soucis. Je voulais juste serrer ce chien contre moi. Dominique prétendait qu'il était magique.

Ali

L'avion décolle. À travers la porte avant, je vois les buildings du centre-ville et le monastère du Cero de Monserrate, très western spaghetti. Je vais devoir réchauffer les plats du menu officiel. Aujourd'hui : *Swiss Angus Beefburger* et plat végétarien signé Hiltl, le restaurant zurichois différent et créatif depuis 1898, qu'ils disent. Ali transmet les consignes de sécurité. Peut-être est-ce son ascendance autrichienne, mais on dirait une danseuse viennoise du concert de Nouvel An sur le point d'interpréter une valse de Strauss. Elle m'a expliqué un jour que cette danse qui fait si joliment tourner les têtes était pour elle le symbole parfait de la chute de l'Empire austro-hongrois. Sa vitesse crée un vide, le même qui a suivi la lente décomposition de la couronne impériale et où se sont engouffrés, écrasant les valeurs anciennes, de nouveaux courants : le libéralisme triomphant, l'ultranationaliste, l'incendie bolchevique, le prolétarisme, la psychanalyse et la réinvention des arts grâce à la Sécession viennoise qui a essaimé jusqu'à Prague, Munich, Budapest, et aux quatre coins de l'Empire. Elle m'a répété dix fois que ce n'était pas un combat des modernes contre les anciens, mais une révolte endiablée des artistes contre les colporteurs, les marchands et tous ceux qui massacrent le travail des peintres, des musiciens et des écrivains.

Elle n'a pas fait d'études supérieures, mais elle a trouvé dans les livres un supplément d'âme. Il y a toujours dans son beauty case un exemplaire d'un classique, alors que dans le mien, je prends plutôt soin d'avoir un gramme de coke et de quoi me faire une beauté. Le vol BOG-GVA débutait bien. Le commandant et les stewards étaient détendus parce qu'ils avaient eu leurs trois jours de récupération au Salvio Parque 93, un hôtel précieux tout en arborescences qui jouxte le parc du même nom et offre toutes les activités de jour et de nuit. Ali et moi, on s'était retrouvée au musée de l'Or, où elle s'est passionnée pour le rapport que les peuples premiers entretiennent avec le métal précieux, puis on a fait du shopping. Le soir, on s'est mêlée à la foule qui se pressait dans un festival de musiques des communautés indigènes : Kogis de la Sierra Nevada, Guambianos de Silvia ou encore Wayúu du désert de La Guajira. Autant de belles gens qui, lorsqu'on les persécute, répondent par la raison et la dignité. On a attendu que la nuit s'électrise en sirotant des cocktails divins au Huerta Bar, le rendez-vous chaud dans Chapinero.

Si j'avais été un homme — après tout j'en avais la silhouette — j'aurais perdu la tête pour cette grande brune aux lèvres carmin qui avait des formes parfaites et une magie de sorcière blanche qu'on ne croise pas tous les jours. J'aimais marcher à son bras, même si je ne savais jamais où nous allions. J'avais, je le crois, un regard émerveillé sur tout ce qu'elle m'offrait. Les mots manquent quand le cœur est plein à ras bord. J'étais son ombre et elle ma lumière. Pour tout dire, je l'avais en adoration. D'ailleurs, tout le monde aimait voler avec elle. Elle était la reine des mille et un petits riens qui font toute la différence entre un travail astreignant et le bonheur simple de se revoir chaque matin. Un exemple : on a tous gagné quinze jours à Dubaï, au dernier étage du Burj Al Arab Jumeirah, la Voile, parce qu'elle avait simplement fait la conversation à un cheikh en mal d'attention. Ali irradiait tous les avions de la compagnie, et moi, je suivais, fascinée, un peu comme Shéhérazade. Mais ne me plaignez pas : j'aimais ça et je me suis toujours laissé faire parce qu'elle est la vie, ma vie.

Ce matin-là, nous avons atterri à Genève-Cointrin avec les jambes en bois dur, comme figées par le décalage horaire. Elle m'a dit : « J'ai un copain DJ qui joue cette nuit dans une discothèque discrète où l'on croise souvent Alain Delon. Mais avant ça, j'ai promis à ma voisine, Madame Arlaud, de m'occuper quelques jours de son chien. C'est un lévrier espagnol, tu sais, ces chiens qui sont maltraités par les chasseurs et les paysans depuis le Moyen Âge. Cette chienne a une histoire macabre : elle appartenait à sa fille Dominique qui a sauté du 8e étage, et sa mère l'a récupérée un peu à contrecœur, le temps de lui trouver un nouveau propriétaire. Alors je prends la petite chérie en passant, on la nourrit, on la promène, et on va s'amuser derrière les platines. Ça te tente ?

J'ai dit oui, et on a embarqué le galgo blanc. Il s'est assis en face d'elle et l'a dévisagée avec intensité et un regard des plus humains. Allez savoir pourquoi, Ali lui a tout de suite parlé en espagnol et la demoiselle n'avait aucune peine à la comprendre. « Je crois bien que tu vas habiter chez moi », lui a soufflé mon amie, accroupie, en lui caressant la joue. Dominique Arlaud l'avait appelée Canela, à cause du bout cannelle de ses oreilles qui relevait encore sa livrée immaculée. À dater de ce jour, je n'ai plus vu l'une sans l'autre, et même ce soir-là, elle l'a embarquée sur le siège arrière avec une légèreté qui leur allait bien à toutes les deux.

Elle devait convoler une semaine plus tard, mais dans ce restaurant doté d'une piste de danse, ce n'est pas la future mariée qui s'est distinguée, mais une Canela accumulant câlins et compliments. Et puis, surgi de nulle part, il y a eu cet échassier aux cheveux sombres, parfumé Terre d'Hermès, qui s'est mis à jouer encore et encore avec le galgo, avant d'inviter Ali à danser, lui racontant qu'il était là pour le chien, appartenant jadis à une amie très chère. Sa voisine, Madame Arlaud l'avait aiguillé, ce qui expliquait sa présence incongrue. Ali semblait toutefois perplexe, mais Canela avait l'air si contente de voir Hugo — c'était son nom — qu'elle le comblait de coups de langue et que ma belle a accepté un mojito à base de Havana Club Union, ainsi que la danse que cet invité surprise un rien provocateur annonçait plus douce que le sucre de canne et plus rafraîchissante que les feuilles de menthe cueillies l'après-midi même par Ernesto, le barman aux doigts d'or. J'ai compris dans l'instant que les jeux étaient faits. Ils ne se quittaient ni du regard ni des mains, collés d'instinct comme ces *milongueros* qui ont vendu leur âme au tango, ou plus sobrement, comme s'ils s'étaient reconnus. Instantanément. Définitivement.

Or Rudolph, le futur mari d'Ali, n'était pas du genre à laisser la vie faire son œuvre. Il était un homme de la Genève secrète où les puissants mangent entre eux, au Mandarin avec vue sur le Rhône, au Président Wilson avec la plus belle des piscines *Lake view*, à l'Intercontinental, voisin immédiat du siège des Nations unies.

Il allait bientôt sortir de prison où il purgeait 5 ans pour du trading frauduleux — en clair, des rétrocommissions, des pots-de-vin et des détournements organisés au profit des mieux payant, n'en déplaise aux États frappés par la famine. Une fraude qui lui avait quand même rapporté la bagatelle d'un quart de milliard. Pas de quoi inquiéter le groupe Cargo qui l'employait et affichait 200 milliards de dollars de chiffre d'affaires annuel. Les discussions qui animent les *happy hours* dans cette capitale du protestantisme, font souvent état de résultats, de coups, de commissions qui frisent ces montants indécents. Rudolph surfait sur cette vague nauséabonde, puisqu'il gérait d'une certaine façon la faim dans le monde — un rapporteur onusien l'avait dit — étant responsable du flux des farines et autres céréales. Cargo était d'ailleurs assez puissant pour ne pas être coté en Bourse et se débrouiller très bien en solo dans cette nébuleuse d'affaires juteuses qu'il avait contribué à bâtir avec cinq ou six autres géants, eux aussi enracinés à Genève.

Ma douce voyait donc son homme, le mécène de son ex-carrière d'athlète et de mannequin, celui qui remplaçait à lui seul toute sa famille, lors des permissions que la justice suisse lui attribuait avec prodigalité, une politique magnanime et somme toute habituelle avec les représentants du capitalisme triomphant. Ces rendez-vous amoureux d'ordinaire sordides passaient en revue les hôtels de gamme moyenne proches du pénitencier, ce qui n'empêchait pas Rudolph de la faire surveiller de très près par un privé que tout le monde connaissait au bout du Lac, à commencer par elle…

Car si le futur époux était raffiné en apparence — il n'ignorait rien des notations du Guide Michelin et de ventes aux enchères de collections privées — c'était un carnassier qui n'avait peur de rien et pour qui chaque personne avait un prix. Si on le devinait, on gagnait à tous les coups. Ils sont 8000 à Genève à penser ainsi et à vivre d'un négoce dont 40 % du trafic mondial transite sous le regard de Calvin. Le tout, évidemment, dans une sacro-sainte discrétion.

Cette histoire entre la femme que j'aime tenir dans mes bras et ce porte-plume attachant a des racines profondes qui expliquent leur immense besoin de liberté à tous les deux. À la demande d'Ali, le DJ a lancé une série de slows avec Jimmy Page interprétant le *Prélude N° 4* de Chopin. Je ne les ai pas quittés des yeux. On aurait dit des amants d'un jour, que dis-je, d'une vie. Ali et Hugo se sont embrassés quand il est parti sur le coup de 4 heures Sous ses yeux, il a défoncé l'avant de sa voiture sur l'îlot directionnel, devant la boîte. Ils se sont juré de se revoir. Avant que les lumières ne se rallument, à 5 heures tapantes, il y a encore eu *Present Tense* de Radiohead. Elle m'a dit: « Rentre avec moi, je ne peux pas dormir seule aujourd'hui. » Une heure plus tard, elle s'est collée, nue, contre mon dos et a chuchoté: « Beatrix, je suis perdue; j'aime tellement ces moments où la vie est une musique! » Le galgo a dormi entre ses pieds et les miens. Il était très organisé et on ne peut plus amical. Il la suivait partout, sans laisse. Ces deux-là aussi s'étaient trouvés, cela ne faisait aucun doute.

Hugo venait de Marseille où il avait ressuscité. Il avait été écrivain et gagnait désormais un peu mieux sa vie, libre et encore fragile, en tant que fine plume pour *Paris Match* et quelques autres magazines moins connus. Il avait publié des livres avec un certain succès, mais jurait que sa vie littéraire était finie. L'art dans son entier était mort d'un seppuku, l'éventration rituelle réservée aux hommes. Son séjour à Genève avait pour objet les secrets suisses d'Alain Delon — *Rocco et ses Frères, Le Guépard* ou *Monsieur Klein.* Il aurait pu éblouir Ali par le récit de ses morceaux de bravoure journalistique ou en racontant les dessous de l'une ou l'autre de ses biographies célèbres, réussites d'un temps révolu, mais il s'est contenté, tranquillement, l'air détaché, de jouer avec le chien au bord du lac.

Elle a accepté, enchantée et ivre de passion, de petit-déjeuner en sa compagnie à l'Hôtel des Bergues, 33, quai éponyme. Une adresse de luxe qu'Hugo devait au train de vie du grand hebdomadaire de la rue des Cévennes, dans le XVe arrondissement de Paris. « Je suis descendu ici juste pour le plaisir de la littérature », avait-il averti. « Pour le reste, j'aurais préféré une petite pension du quartier des Pâquis. » Il lui a parlé de Chateaubriand qui hante encore ces murs à force d'y avoir écrit la nuit des pages et des pages pour son aimée Juliette Récamier, vantant notamment le décor nocturne à travers la fenêtre de sa chambre. Et puis il a énuméré Dostoïevski, Rilke, Claudel, Louise de Vilmorin, Cocteau, Sissi et François-Joseph. « Mais ce que j'ai préféré, m'a confié mon amie, c'est lorsqu'il m'a parlé de *Belle du Seigneur* et d'Albert Cohen. J'ai tant aimé ce bouquin. Le plus gros que j'aie jamais lu. Cent six chapitres. Eh bien, il paraît que le Ritz qui abrite les amours de Solal et d'Ariane est en fait cet Hôtel des Bergues. Je n'avais plus envie de partir. Hugo s'est excusé. Il est revenu quelques minutes plus tard, m'a entraînée vers l'ascenseur, on est monté. Je m'attendais à la terrasse, mais c'était un couloir, une porte de chambre. On a regardé le lac et les voiliers, bu du champagne rosé. On s'est humé en se parlant de tout et de rien, puis on a plongé dans la baignoire à pied. Alors, on s'est agrippé, avec furie mais sans se presser. »

Elle est comme ça Ali : elle parle avec le cœur et ne se censure jamais. « Oh ! j'oubliais, qu'elle a dit. Il a commandé un plateau au restaurant japonais de l'hôtel, avec du bar, du poulpe, de la dorade, du saumon, du crabe royal et du bœuf Wagyu. Je me suis ruée dessus ; il a crié stop ! en rigolant et a présenté le plat à Canela. C'était pour elle ! En contemplant ma mine étonnée, il a proposé qu'on dîne d'amour, d'eau fraîche et de Bollinger à peine teinté, mais accompagné toutefois d'un gaspacho de tomates vertes et ricotta di Bufala, ainsi que d'un carpaccio de bœuf à la truffe d'été. Tout était parfait. Pour la première fois, je me sentais femme et pas hôtesse ! » Ali me l'a dit, mais je crois que je l'ai ressenti plus fort encore !

Ensemble, clin d'œil à la nouvelle Vague, ils ont fait *Les Quatre Cents Coups*. À la Truffaut, à la Jean-Pierre Léaud. En courant, en s'échappant, en défiant le reste du monde. Hugo pleurait la disparation des cafés anciens où sévissait jadis Pierre-François Tournier, son maître en écriture. Alors, ils ont déliré partout où cela était possible dans cette ville engoncée, percluse d'histoire et de morale protestante. Ils m'ont dit : « Beatrix, c'est notre moment, partage-le avec nous ! » Parce qu'ils étaient simples, beaux et purs à la fois, je les ai donc suivis le cœur léger au Café Slatkine, au centre de Genève, non loin de l'agitation de la jolie place du Bourg-de-Four. Ici, on respire, on sent encore les livres que Mendel Slatkine a entreposés en 1918 dans sa librairie débutante. Et on peut y faire un vrai déjeuner littéraire, loin du début du reste du monde. Je les ai accompagnés au Temps d'une Pause, le décor livresque rue Jacques-Dalphin. À la Buvette des Pâquis, haut lieu populaire où les estomacs suicidaires savourent les pieds dans l'eau du Léman l'une des plus fameuses fondues de Suisse — la seule en tout cas à rivaliser avec celle de la mythique Cave Valaisanne, à l'entrée de Plainpalais. On a bu des cocktails de légende au Little Barrel, une usine un peu bobo mais qui offre des expériences créatives toujours étonnantes. Dégusté des crus divins au Qu'importe, dans des canapés au cuir patiné par les postérieurs d'artistes qu'on y rencontre. Fêté rue de l'Ecole-de-Médecine, à La Ferblanterie, l'une des dernières ambiances alternatives de la ville, Évidemment, on a fait une halte écoresponsable aux Fleurs de Marie, avec leurs boissons en direct de la ferme. On s'est protégé de la chaleur à L'Athénée 4, dans les fortifications de la Genève d'autrefois, entre tapas sublimes et programmations d'artistes locaux ébouriffants. Enfin, on a mangé comme les douze apôtres le soir de la Cène, enfin je l'espère pour eux, à la Brasserie des Tours et au goût des seules bières artisanales de Carouge, une perle cachée de la métropole. Lady Canela a eu droit, comme il se doit, à toutes les cuisines de ces incontournables !

J'ai eu le temps de voir ma mère aux prises avec son cancer du sein, le temps de rattraper le temps perdu, le temps enfin de ne plus la supporter, et j'étais de retour chez Ali, fidèle à elle-même, perdue dans son peignoir de soie bleue et de dragons d'or, attendant des nouvelles de celui qu'elle avait baptisé « Poète ». Ce jour-là, elle, la reine des soirées improvisées, avait aussi invité Marta, Saëlle, Suzanne-la-rousse-de-l'équipage, et Leila qui avait déjà défilé à Milan et à Paris. Sans oublier, l'homme essentiel, ce Hugo Dreifuss qui planchait la nuit sur ses articles, aux Bergues, depuis quinze jours, regardant peut-être les mêmes étoiles sur les Alpes que Chateaubriand avant lui.

On allait manger l'un des rares plats qu'Ali prenait plaisir à mijoter : du saucisson d'artisan, de la saucisse aux choux, et un salmigondis de poireaux, pommes de terre, ail rôti, oignons rouges et carottes jaunes. Et surtout, boire une caisse du meilleur gamay du monde, emprunté à la cave de Rudolph qui le réservait à ses invités traders, un nectar campagnard de Salles-Arbuissonnas-en-Beaujolais, avec d'onctueux arômes de fruits noirs et rouges, et des tanins fondus, dixit la notice du carnet de dégustation.

Ali avait un rapport très particulier avec ce vin. Rudolph et elle avaient dormi, la veille de cet achat, dans un lieu de rêve, « Comme un air de Toscane », un logis cinq étoiles où le beaujolais était roi. Mais ce soir-là, le futur mari avait posé 1 000 euros sur la table de nuit en échange d'un rapport. Depuis, il n'avait jamais cessé de payer pour avoir son dû. La prison l'avait durci au point de ne plus avoir la moindre attention pour elle. Ali ne pleurait pas, enfin pas devant moi. Comme si elle gardait encore l'image d'un Rudolph généreux qui lui offrait le monde entier.

Maintenant, il y avait ce Hugo aux beaux yeux chaussés de Décor C solaires de Cartier en corne de buffle noire et avec une Frédérique Constant Genève Classique phases de Lune au poignet. Je lui ai dit de foncer. Elle avait encore la force de tout briser et de changer de vie. On a dansé, puis regardé *Scarface*. J'étais à la fois Michelle Pfeiffer, Gina, Tony Montana, Many Ribera et tous les autres, bref je nageais dans le rêve américain.

On me disait belle et avenante, parfois sauvage, mais au fond, qui connaissait mon passé et mes souffrances ? J'aimais Ali aussi pour cette raison : elle percevait l'horreur des familles dont on ne parle jamais, la violence du masculin, les pressions auxquelles on n'a aucune chance d'échapper. Pourtant, il y avait toujours en elle cette naïveté qui lui permettait de croire encore à la gratuité des cadeaux et aux gestes tendres.

Hugo m'a confié ce soir-là que la première fois où ils avaient vraiment fait l'amour, elle lui avait enfoncé la langue jusqu'aux poumons avant de hurler : « Non, papa, non ! S'il te plaît, non ! » Mais n'allez surtout pas croire qu'Ali se résume à son sourire solaire et à son profil de victime des hommes. Elle sentait très bien les personnages les plus complexes, avait l'art de détendre les ambiances les plus « genevoises », comprenez libérales, protestantes et de bonne famille. En fait, elle était à la fois avisée, psychologue et très drôle.

Ça sentait bon. Il faisait chaud et nos fantômes avaient fui avec les glaçons du rosé. Repas et boissons avaient un goût exquis. Notre hôtesse est tombée dans un coma presque inquiétant où elle s'est mise à raconter d'une traite l'inceste que ses sœurs et elle avaient subi, puis les tortures particulièrement sordides qu'avaient distillées monsieur et madame ses entraîneurs aux temps à peine plus anciens où, très jeune, elle collectionnait les trophées de championne de patinage artistique.

Aux commandes de cette équipe d'adultes occupés à façonner si durement la patineuse, on retrouvait immanquablement Rudolph et ses chèques. Rudolph qui se permettait tout. Rudolph qui réglait le quotidien d'Ali comme une pendule ou l'horaire d'une prisonnière dans un établissement de haute sécurité, d'une condamnée qui ne voyait pas tous les jours le ciel bleu.

À bout de forces, Ali s'est finalement endormie quand Hugo l'a bordée et lui a promis qu'il glisserait avec elle l'hiver prochain sur le grand lac gelé, là-haut dans la vallée. Après j'ai un grand trou noir. Hugo a fini par s'esquiver poliment. Je l'ai vu par la fenêtre défoncer un panneau de signalisation en démarrant en trombe. Les voisins hurlaient. J'ai su plus tard qu'il avait perdu une plaque dans l'aventure et que la police l'avait recherché partout durant 24 heures. En vain, il s'était réfugié loin du décor de ses exploits. Il a bien ri : « J'étais avec Paul Morand au Richemond, c'est le seul écrivain que j'aime et qui roule aussi vite que moi ! » J'ai fini par dormir avec le chien dans la chambre rouge où il y avait le bureau et les dossiers de Rudolph. Presque tous marqués du sceau « Confidentiel » ! Ça me faisait peur.

Lors de cette fête mémorable, c'est la dernière fois que j'ai vu Hugo. Leur histoire a atteint les sommets, la pure démence, mais celle-ci n'a duré qu'une saison. La cinquième, me dit Ali qui écoutait souvent Harmonium.

Elle est restée ma meilleure amie, a été mon témoin de mariage et la marraine de mon premier. Quand elle est morte dans un accident d'auto avec un jeune homme qui avait accepté de reconnaître sa fille — elle n'a jamais rien dit au sujet du père — nous avons été deux ou trois à recevoir le même message de convocation chez un notaire qui nous a remis certains documents dans de grandes enveloppes cartonnées à nos noms respectifs.

Mon héritage m'a sidérée : il comprenait une boîte à bijoux en or massif avec son collier précolombien, l'adoption du galgo blanc qui m'attendait dans une pension sur les rives du lac, et toute la correspondance entre Hugo et elle, plus quelques notes éparses où elle racontait les brutalités et les puanteurs de sa vie. Cet échange de textes me hante et me rend heureuse à la fois, parce qu'il est la preuve qu'au moins une fois en quarante ans, ma douce et tendre a été aimée de manière absolue et sans l'ombre d'un voile. Je vous en partage l'essentiel. J'ai coupé ce qui touchait de trop près les autres personnes et les lieux.

■

12 juin (Hugo)

« Je danse en toi, dans le ventre du désir. J'ai perdu toute respiration, mais je suis libre au milieu des revenants. La joie, la force, la vie surgissent de la terre pour habiter mes entrailles. J'ai ruiné ma fourrure et mes illusions. Je suis nu et éternel. Je suis immobile avec ma faim de ta nuque. »

15 juin (Ali)

« Poète, j'ai quitté l'imaginaire pour le nécessaire. Je relis Zweig, *Vingt-quatre Heures de la Vie d'une Femme*. Avec toi, je peux à nouveau être légère. Cela faisait si longtemps. Tu dois encore t'habituer à celle qui est plus libre que son corps. Je serai une anonyme pour toi. Nous serons riches et seuls, et riches parce que nous serons seuls. Il y a des perles de brouillard sur ma vitre. T'embrasse, le chien aussi. »

22 juin (Hugo)

« Ma fée, nous avons tant de paix à faire avec nous-mêmes. Nous devons boire et manger de la lumière. Être souples pour éviter ombres et ombrages. Une passion imprévisible a provoqué notre rencontre et notre première caresse l'a scellée à la terre de ces campagnes que tu aimes tant. Je pense à la fraîcheur surréaliste de ta peau. »

28 juin (Ali)

« J'ai dix opéras dans mon cœur et comme une trêve dans ma vie. Je sais qu'elle fait ton désespoir, mais ne sois pas cruel avec toi : tu fais déjà tant pour moi. Je te regarde et je grandis. Pour ce charme inattendu, je te dis merci. »

9 juillet (Hugo)

« J'écris au café, j'aime leur musique, leurs odeurs, leurs bruits. Je pense à ton cou, à tes seins, à ton cul, à ta toison, à tes hanches et à tes jambes torrents et rivières. Je bois du rhum par peur que le bon Dieu se soit moqué de moi. Je tuerais le monde entier pour te voir arriver. »

14 juillet (Ali)

« J'ai dansé avec le plaisir presque sexuel de l'espace. Ancrée dans la terre, je sentais sa douceur qui me rappelle la tienne. Je crois que la fille que tu as rencontrée est morte et que celle qui t'écrit pourra avoir des souvenirs sans être triste ou mélancolique. Je suis tout à toi. »

20 juillet (Hugo)

« L'amour est un sentiment rouge. Je ne sais plus où j'ai lu ça, mais ça me parle, ça m'agite comme un taureau. Je ris de nous voir tremper dans son sang chaud et lourd. Quand on se baigne ensemble, je suis l'origine du monde. Je deviens toi et tu deviens moi. »

1er août (Ali)

« J'ai une robe de velours ce matin. Je l'ai mise sans rien dessous avec l'espoir un peu fou qu'elle soit aussi douce que tes mains. Quand viens-tu, mon amour ? Je veux que tu me touches. »

5 août (Hugo)

« J'ai la bouche pleine de toi, je vois le monde par tes cils. Les aiguilles de ma montre sont si lentes ! Je souffre mon tendre délire de quand nous nous collons, de quand nous fusionnons, apeurés que cela ne dure pas. J'aime nos voix quand elles se parlent. »

8 août (Ali)

« Je ne sais pas qui tu es, mais quelle importance ! Ta voix explose d'histoires infinies et drôles. Avec toi, je suis plus vivante qu'avec les autres. J'écoute l'intégrale de Bach par Gould que tu m'as offerte. Il y a tellement d'amour et d'humour dans cette musique. Personne ne m'a jamais connue comme tu me connais. »

17 août (Hugo)

« Tes épaules nues, fragiles, dessinées à la perfection. Ton cou, un fruit du jardin où nous irons. Tes longs cheveux qui cascadent, violons, félins. Tes bras qui racontent les vagues de cette mer que j'entends se briser autour de nous. Tes yeux fleurs de cerisier. Ce matin m'explose en pleine face. Il mouille et je suis les gouttes de tes bains. Laisse ta bouche et tes cuisses ouvertes au soleil ; je comprendrai peut-être pourquoi je vis tout ça ! »

■

Plus la vie avançait, plus Ali était belle. J'ai viré mon mari qui s'est avéré un sombre imbécile, garé mes enfants chez ma sœur qui en a déjà quatre, et décidé de m'offrir une semaine de shopping, de bonnes tables et de nuits en discothèque. J'ai gardé le galgo auprès de moi puisque ma cadette a des chats, et je me suis dit que ce serait sympa de faire un saut de puce dans son pays. J'ai hésité cinq minutes entre Madrid et Barcelone. Madrid, Hugo m'en avait parlé, c'était le manoir hanté des plus grands auteurs : Borges, Carpentier, Moravia, Vargas Llosa, et ses favoris à lui, Dürrenmatt, Brodsky et Hemingway. Barcelone, elle, existe d'abord par le trait, la forme, la couleur. On y croise partout Gaudi, Picasso, Miró. Et puis, la ville a les pieds dans la mer et des clubs en plein air sur les collines, où l'on peut danser jusqu'au lever du soleil. J'ai choisi les peintres et les monuments plutôt que les mots, et je me suis retrouvée en plein

Raval, au Barceló, un quatre-étoiles où les animaux sont les bienvenus, un havre de paix à deux minutes à pied du *Chat* magique de Botero.

Ma dame blanche a uriné exactement sous ledit félin. Dieu que le monde est fou : c'est ma dernière photo du galgo. On s'est installées à quelques pas de là sur une des multiples terrasses de la Rambla. Je l'ai attachée au pied de la table en laissant mon café et mon journal bien en évidence. J'avais trente mètres à faire pour acheter un antimigraineux et un spray nasal pour mon allergie aux pollens à la pharmacie Beltran Rovira. La pharmacienne acariâtre a pris tout son temps parce que je n'avais pas d'ordonnance pour le vasodilatateur. Même si j'utilise ce produit depuis plus d'une décennie, j'ai dû me contenter d'un vague substitut à l'eau de mer. Cet achat m'a tenu éloignée du chien cinq minutes de trop. À mon retour, il y avait la laisse avec son collier spécial lévrier, mais plus le galgo. J'ai appelé, parcouru la Rambla de haut en bas au moins dix fois. Et je suis revenue m'asseoir à la même table où j'ai attendu la tombée du jour grâce à une symphonie de tous les cafés possibles et à trois paquets de Benson & Hedges. Je n'ai pas dormi de la nuit et j'ai passé toute la matinée à courir entre la Guàrdia urbaine et la Police de la Generalitat.

Épilogue

À 2 mois, dans la ferme où je suis née chiot, l'homme a attaché mon père par le cou à la branche d'un vieil arbre rabougri. Il ne tenait debout que sur ses pattes arrière. L'agonie fut lente, presque quatre heures. Ma mère, mes sœurs et moi étions enchaînées de sorte qu'elle ne puisse pas nous allaiter et que nous ne puissions pas téter. Trois ou quatre centimètres qui rendent fou. Oskar, le grand gars de l'association de sauvetage, a tout de suite hurlé, hors de lui, répétant cent fois le mot « Tortionnaire! » quand il nous a découvertes déshydratées, petits squelettes incapables de tenir debout. Il a mis six mois à nous sauver, dans sa cuisine, avant de nous déclarer à contrecœur aptes à l'adoption. Je l'ai entendu souvent pester et pointer du doigt nos bourreaux : « Dire qu'un galgo ne vaut même pas une cartouche ! »

J'ai échoué dans la maison du dieu des humains, chez un curé qui ne me nourrissait qu'à la condition que j'effectue des tours ridicules à l'approche de ma gamelle. Ça sentait mauvais ; je devais dormir seule dans l'unique pièce sans chauffage ni fauteuil. Je me suis enfuie, de-ci, de-là, et j'ai franchi l'Eixample, évité la foule des Ramblas. J'ai serré à ma droite, devinant El Raval. De vieux immeubles remplis de vieilles dames qui me donnaient toujours quelque chose. Des plazas où mendier et me reposer au soleil. Des ruelles désertes où faire mes besoins et me laver les pattes dans le caniveau. Des impasses ou des cours intérieures pour la nuit, après la fermeture des cafés. J'aimais ce moment de joie où, à ma grande surprise, les humains me parlaient beaucoup, me caressaient même parfois. Les hommes étaient étranges et sentaient tous la même odeur, celle des bidons de détergents que les concierges balancent dans la rue et qui me brûlent les coussinets.

Je n'avais qu'El Poble Sec à traverser pour me balader dans les jardins et le cimetière de Montjuïc. Je suis, je n'ai pas honte de le dire, très organisée et particulièrement maline. J'ai trouvé ma place ici, et toutes les habitudes qui rendent la vie jolie. J'ai cru, lorsque mon quotidien s'est emballé, que je ne retrouverai jamais cette grande famille qu'étaient pour moi les prostituées et les artistes, ratés le plus souvent, maudits plus rarement. Et toi, les connais-tu les poètes pauvres, sans pièce ni talent ? Les paysans de ferme assassins ? Les curés froids comme le carrelage ? Et toi, sais-tu les trouver les ruelles paisibles et les mini-terrasses d'El Raval ? Non ? Eh bien rejoins-moi ! Un galgo ne mange pas un autre chien. Il rit avec sa queue et avec ses yeux où il cache son cœur. Je n'ai jamais mordu personne et je sais suivre les oiseaux de mer lorsque je pousse jusqu'aux plages de la Barceloneta. Je crie et pleure à chaque belle lune ou devant un ciel de feu.

Un soir très tard, dans une petite pension avec des gens de toutes les couleurs, un torero m'a salué en ôtant cérémonieusement sa *montera* et en s'inclinant bien bas. Puis il m'a chuchoté à l'oreille la confidence d'un certain Tchekhov : « Un homme bon a honte devant un chien ». J'aurais aimé être le galgo magique de ce Monsieur Tchekhov ».

■

Certains penseront peut-être que j'ai eu une vie de chien. Ne priez pas le Grand-Saint-Bernard qui veille sur nous : j'ai vu le monde et vécu tant d'aventures ! Et l'aventure, ce sont tous ces vents qui m'ont empli de parfums. Roseraies, lavandes, rhododendrons, gentianes, genévriers, fougères, cerisiers en fleur, oliviers au temps de la cueillette, géraniums, pélargoniums, campanules, potentilles, grandes pimprenelles, adénostyles glabres, arnicas ou encore oxalis forment des tapis de couleurs créatifs, et que dire des fleurs de mélèze au printemps, des aubépines en été, des cônes de sapin en automne ou des aiguilles d'épicéa en hiver. L'aventure est au coin de la rue, et j'en ai parcouru des pâtés de maisons. L'essentiel est à l'intérieur ; l'extérieur, c'est joli et je sais me défendre à présent. La méchanceté n'est après tout qu'une maladie, comme le choléra, la fièvre aphteuse ou le typhus.

Si vous avez tout vécu, tant mieux, vous êtes un peu comme moi. Vous connaissez cet habit de senteur que revêtent les gens doux et soigneux : tantôt floral, tantôt boisé, oriental, hespéridé, chypré, fougère ou cuir. J'ai vu des révolutions, des résolutions, des mariages, des séparations. Je me méfie encore des bâtons, mais je sais déterminer sur mon poil blanc la nature des caresses : légères, appliquées, posées, affectueuses, bienveillantes, attendrissantes, reposées, appuyées, profondes, poussées, intenses, complexes, complètes, grandes, importantes, infinies enfin.

Je n'ai pas eu besoin de votre vocabulaire, de votre force, de votre argent pour affronter l'inconnu, les blessures, la vie, la demi-mort et la fin. J'ai le sens de la découverte que je dois à tous les personnages qui ont croisé ma route. Je suis libre. Comme le plus banal des chiens. Mais quand vous me raconterez, je deviendrai unique et je vous montrerai le chemin. Je m'appelle Canela et je suis beaucoup plus qu'un chien. Je suis vous quand vous n'avez rien vu, rien entendu, rien répondu. Je suis le courage et l'amour que vous n'avez ni reçu ni reconnu. Regardez-moi dans les yeux ! J'ai une âme et je tire ma révérence. Souhaitez-moi bonne chance ! Je m'en vais, sous un beau ciel de jais. Demain, qui sait ?

TABLE DES MATIÈRES

Les taureaux du Raval	9
Rainer Richter	25
Beau Saxo	45
Il Mostro	61
Drei Klavierstücke D 946	77
Sergio Leone	89
La Judith de Klimt	103
Suicide Blonde	115
Love Supreme	127
Ali	137
Épilogue	157

CHEZ LE MÊME ÉDITEUR

Edition Suisse

Fabienne Bogádi, *Le corps déchiré*
Stéphane Bovon, *Gérimont*
Stéphane Bovon, *La lueur bleue*
Stéphane Bovon, *Les deux vies de Louis Moray*
Guy Chevalley, *Cellulose*
Daniel Fazan, *Vacarme d'automne*
Daniel Fazan, *Millésime*
Daniel Fazan, *Bad*
Jon Ferguson, *30 ans de réflexion*
Jon Ferguson, *La dépression de Foster*
Jon Ferguson, *La Bête/Beast*
Jon Ferguson, *Les joyaux de Farley*
Jean-Louis Kuffer, *Chemins de traverse*
Jack Küpfer, *Black Whidah*
Pierre Yves Lador, *La guerre des légumes*
Pierre Yves Lador, *L'enquête immobile*
Pierre Yves Lador, *Confession d'un repenti*
Quentin Mouron, *Au point d'effusion des égouts*
Quentin Mouron, *Notre-Dame-de-la-Merci*
Quentin Mouron, *La Combustion humaine*
Florian Sägesser, *Point de suture*
Eleona Uhl, *Sans Elle*

Frédéric Vallotton, *Mémoires d'un révolutionnaire*

Frédéric Vallotton, *Journal de la haine et autres douleurs*

Frédéric Vallotton, *Escales*

Edition France

Jérémie André, *La Fabrique du corps humain*

Pierre Yves Lador, *Poussière demain*

Patrick Gilleron Lopreno et Slobodan Despot, *Champs*

Quentin Mouron, *Vesoul, le 7 janvier 2015*

Quentin Mouron, *Jean Lorrain ou l'impossible fuite hors du monde*

Quentin Mouron, *Pourquoi je suis communiste*

Quentin Mouron, *La Haine des oiseaux*